쓰면서 익히는 일본어 쓰기 노트

동사 활용

김수경 지음

S 시원스쿨닷컴

초판 1쇄 발행 2025년 1월 15일

지은이 김수경
펴낸곳 (주)에스제이더블유인터내셔널
펴낸이 양홍걸 이시원

홈페이지 japan.siwonschool.com
주소 서울시 영등포구 영신로 166 시원스쿨
교재 구입 문의 02)2014-8151
고객센터 02)6409-0878

ISBN 979-11-6150-937-2 13730
Number 1-311301-26262620-06

머리말

'동사 활용 때문에 일본어 공부를 포기하는 학습자가 없도록 하자'

이러한 생각으로 본 도서, 『쓰면서 익히는 일본어 동사 활용 쓰기 노트』를 기획하고 집필하였습니다.

일본어 동사 활용이 어려워서 일본어에 흥미를 잃고 중도에 포기하는 일본어 학습자분들이 많이 계신 것으로 알고 있습니다. 그런 분들이 계속해서 일본어 공부를 이어나갈 수 있게 된다면 좋겠다는 마음을 담아 만든 도서입니다.

가장 신경을 쓴 부분은 '쉬운 설명'입니다. 초등학생부터 어르신들까지 누구나 이해하기 쉬운 표현을 사용하여 기본 개념을 설명하였고, 어렵고 불필요한 설명들을 제외하여 딱 필요한 내용만을 담았습니다.

그리고 동사 활용법에 대한 이해도를 높이기 위해, 기초 수준의 어휘로 작성된 다양한 예문들을 최대한 많이 사용하였습니다. 또한, 동사 활용법을 확실하게 익힐 수 있도록 각 과마다 한눈에 볼 수 있는 동사 활용표를 제공하였습니다.

이렇게 학습한 내용을 완전히 내 것으로 만들 수 있도록, 많은 고심 끝에 연습문제를 총 4단계로 구성해 보았습니다. 연습문제는 혼자서도 충분히 풀어나갈 수 있는 쉬운 난이도이지만, 여러분이 일상 속에서 사용할 수 있는 표현이나 내용으로 재미있게 구성하려고 노력했습니다.

즐겁게 공부하시는 학습자 여러분의 모습을 상상하면서 한 과, 한 과 마음을 담아 열심히 집필한 결과 본 도서가 완성되었습니다. 여러분들이 이 도서 한 권으로, 한 달 안에, 혼자서도 일본어 동사 활용을 가볍게 마스터할 수 있게 되길 진심으로 바랍니다.

김수경

이 책의 구성 및 활용법

STEP 1 동사 활용 연습 전 준비 단계

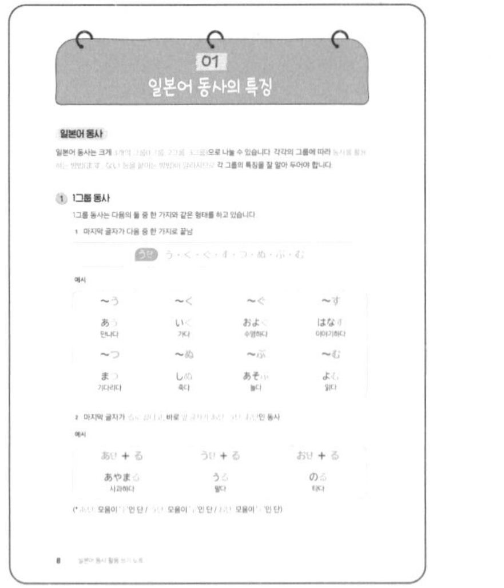

일본어 동사 활용 학습에 들어가기 전에 일본어 동사의 특징을 파악할 수 있습니다.

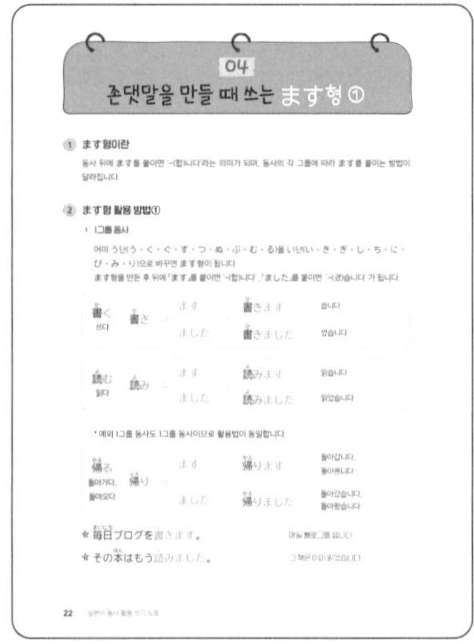

이해하기 쉬운 문법 설명과 예문을 통해 동사 활용 방법을 확실하게 익힐 수 있습니다.

STEP 2 쓰기 연습으로 동사 활용 완벽 마스터하기

동사 활용표를 채워보며 앞에서 학습한 내용을 확실하게 이해하고 넘어갑니다.

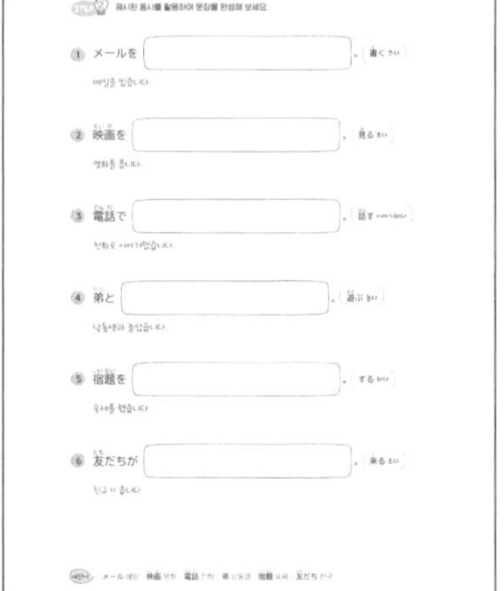

제시된 문장을 완성해 보며 동사 활용 방법을 완벽하게 이해합니다.

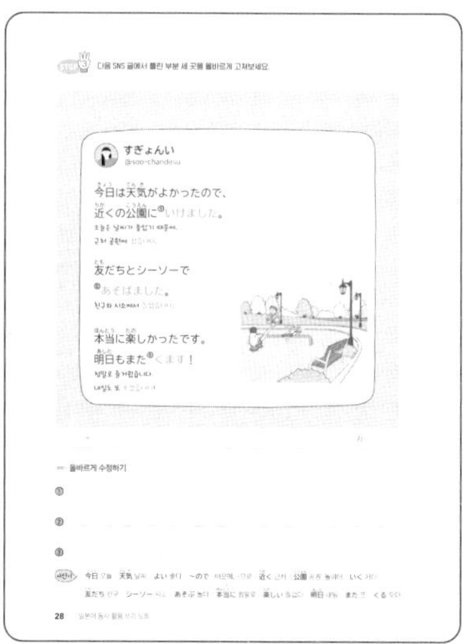

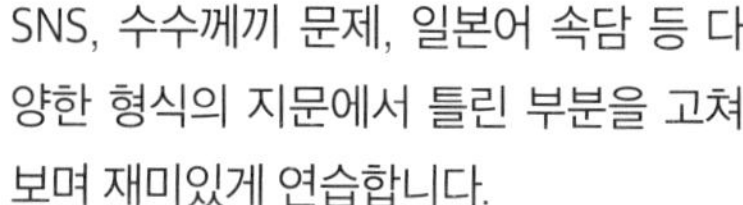

SNS, 수수께끼 문제, 일본어 속담 등 다양한 형식의 지문에서 틀린 부분을 고쳐 보며 재미있게 연습합니다.

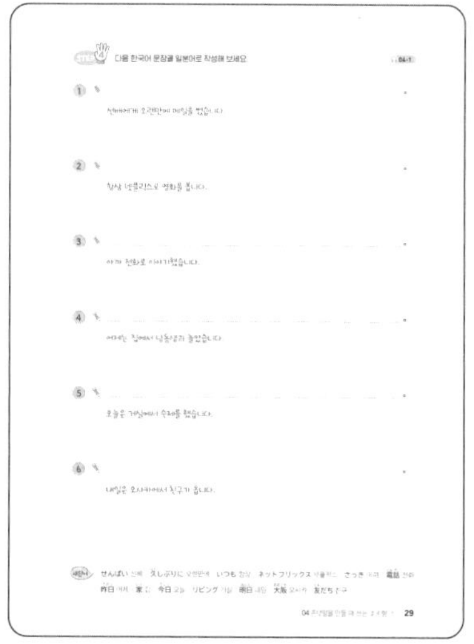

한국어를 일본어로 바꾸는 연습을 통해 동사 활용을 완전히 내 것으로 만듭니다.

이 책 100% 활용법

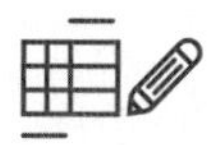

❶ 원어민 MP3 ❷ 동사 활용표 ❸ 동사 활용 총정리 노트 ❹ 동사&단어 색인

원어민 MP3는 시원스쿨 일본어(japan.siwonschool.com) 홈페이지 접속>학습지원센터>공부자료실>도서명 검색 후 무료로 다운로드 가능합니다.

이 책의 목차

PART 1

PART 2

부록

모범답안

PART
1

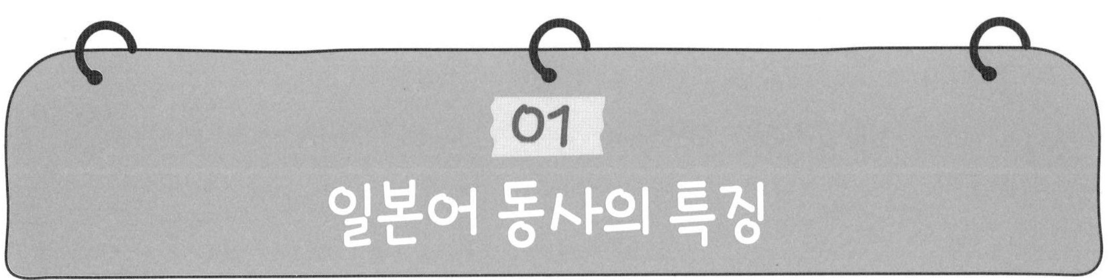

일본어 동사

일본어 동사는 크게 3개의 그룹(1그룹, 2그룹, 3그룹)으로 나눌 수 있습니다. 각각의 그룹에 따라 동사를 활용하는 방법(ます, ない 등을 붙이는 방법)이 달라지므로 각 그룹의 특징을 잘 알아 두어야 합니다.

1 1그룹 동사

1그룹 동사는 다음의 둘 중 한 가지와 같은 형태를 하고 있습니다.

1 마지막 글자가 다음 중 한 가지로 끝남

う단 う・く・ぐ・す・つ・ぬ・ぶ・む

예시

～う	～く	～ぐ	～す
あう 만나다	いく 가다	およぐ 수영하다	はなす 이야기하다
～つ	～ぬ	～ぶ	～む
まつ 기다리다	しぬ 죽다	あそぶ 놀다	よむ 읽다

2 마지막 글자가 る로 끝나고, 바로 앞 글자가 あ단, う단, お단인 동사

예시

あ단 + る	う단 + る	お단 + る
あやまる 사과하다	うる 팔다	のる 타다

(* あ단: 모음이 'ㅏ'인 단 / う단: 모음이 'ㅜ'인 단 / お단: 모음이 'ㅗ'인 단)

② 2그룹 동사

2그룹 동사는 다음과 같은 형태를 하고 있습니다.
마지막 글자가 る로 끝나고, 바로 앞 글자가 い단, え단임

예시

い단 + る	え단 + る
みる 보다	たべる 먹다

※ 예외 1그룹 동사

2그룹 동사와 동일한 형태이지만 활용할 때는 1그룹 동사입니다.
마지막 글자가 る로 끝나고, 바로 앞 글자가 い단, え단인 동사

예시

い단 + る	え단 + る
きる 자르다	かえる 돌아가다, 돌아오다

(* い단: 모음이 'ㅣ'인 단 / え단: 모음이 'ㅔ'인 단)

③ 3그룹 동사

3그룹에는 다음 2가지 동사가 있습니다.

する 하다	くる 오다

MINI TEST 1, 2, 3 그룹 동사 개념 정리

✎ 1, 2, 3그룹 동사의 특징을 생각하면서 빈칸을 채워 넣어봅시다.

❶ 1그룹 동사의 마지막 글자는 う단의 ___, ___, ___, ___, ___, ___, ___, ___ 중 하나로 끝납니다.

❷ 1그룹 동사는 마지막 글자가 ___로 끝나고, 바로 앞 글자가 ___단, ___단, ___단인 동사입니다.

❸ 2그룹 동사는 마지막 글자가 ___로 끝나고, 바로 앞 글자가 ___단, ___단인 동사입니다.

❹ 3그룹 동사에는 ______와 ______가 있습니다.

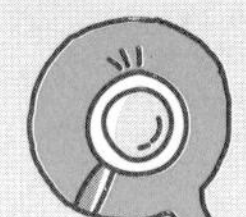

1, 2, 3그룹 동사 확실하게 익히기

1 다음 밑줄 친 동사가 몇 그룹 동사인지 맞춰 보세요.

1. 会社(かいしゃ)にいく。　1그룹 / 예외 1그룹 / 2그룹 / 3그룹
2. テレビをみる。　1그룹 / 예외 1그룹 / 2그룹 / 3그룹
3. 新聞(しんぶん)をよむ。　1그룹 / 예외 1그룹 / 2그룹 / 3그룹
4. 家(いえ)にかえる。　1그룹 / 예외 1그룹 / 2그룹 / 3그룹
5. べんきょうをする。　1그룹 / 예외 1그룹 / 2그룹 / 3그룹
6. 友(とも)だちとはなす。　1그룹 / 예외 1그룹 / 2그룹 / 3그룹
7. 9時(くじ)にくる。　1그룹 / 예외 1그룹 / 2그룹 / 3그룹

2 일본어와 한국어 동사를 올바르게 연결하고, 몇 그룹 동사인지 써 보세요.

1. あう	____그룹	자르다
2. きる	____그룹	오다
3. まつ	____그룹	읽다
4. くる	____그룹	먹다
5. たべる	____그룹	팔다
6. よむ	____그룹	만나다
7. うる	____그룹	기다리다

새단어 会社(かいしゃ) 회사 | テレビ 텔레비전 | 新聞(しんぶん) 신문 | 家(いえ) 집 | べんきょう 공부 | 友(とも)だち 친구 | ~時(じ) ~시

3 다음 밑줄 친 동사의 틀린 부분에 X표를 하고 올바르게 고쳐 보세요.

① かばんをうれ。 ▶ ____________
가방을 팔다.

② 本(ほん)をよみ。 ▶ ____________
책을 읽다.

③ プールでおよげ。 ▶ ____________
수영장에서 수영하다.

④ 友(とも)だちがきる。 ▶ ____________
친구가 오다.

⑤ ラーメンをたびる。 ▶ ____________
라멘을 먹다.

4 다음 빈칸에 들어갈 동사를 써 보세요.

① 母(はは)を ____________ 。 엄마를 기다리다.

② かみを ____________ 。 머리카락을 자르다.

③ 映画(えいが)を ____________ 。 영화를 보다.

④ 毎朝(まいあさ)、運動(うんどう)を ____________ 。 매일 아침, 운동을 한다.

⑤ 友(とも)だちと公園(こうえん)で ____________ 。 친구와 공원에서 놀다.

새단어 かばん 가방 | 本(ほん) 책 | プール 수영장 | ラーメン 라멘 | 母(はは) 엄마 | かみ 머리카락 | 映画(えいが) 영화 | 毎朝(まいあさ) 매일 아침 | 運動(うんどう) 운동 | 公園(こうえん) 공원

02
일본어 주요 동사 활용 미리보기 ①

일본어 동사 활용 중에서 가장 사용 빈도가 높으며 기본적인 활용에 해당되는 ます형, ない형, て형, た형 활용을 미리 예습해 봅시다.

1 ます형 활용(~ます・~ました・~ません・~ませんでした)

동사를 존댓말 표현으로 만들 수 있는 ます형 활용에 대해 알아봅시다.

1. 뜻

긍정형		부정형	
~ます	~(합)니다	~ません	~(하)지 않습니다
~ました	~(했)습니다	~ませんでした	~(하)지 않았습니다

2. ます형 활용 방법

① 1그룹 동사

어미 う단을 い단으로 바꾼 후, 뒤에 「ます・ました・ません・ませんでした」를 붙이면 됩니다.

う단	う	く	ぐ	す	つ	ぬ	ぶ	む	る
い단	い	き	ぎ	し	ち	に	び	み	り

② 2그룹 동사

마지막 글자 る를 삭제한 후, 뒤에 「ます・ました・ません・ませんでした」를 붙이면 됩니다.

見(み)~~る~~ 보다 ⇨	見(み)+ます 봅니다 見(み)+ました 봤습니다	見(み)+ません 보지 않습니다 見(み)+ませんでした 보지 않았습니다

③ 3그룹 동사

불규칙 동사이므로 아래의 정해진 형태 그대로 외웁니다.

する 하다 ⇨	します 합니다 しました 했습니다	しません 하지 않습니다 しませんでした 하지 않았습니다
来(く)る 오다 ⇨	来(き)ます 옵니다 来(き)ました 왔습니다	来(き)ません 오지 않습니다 来(き)ませんでした 오지 않았습니다

MINI TEST ます형 활용

✎ 주어진 동사에 ます와 ました를 붙여 봅시다.

1. 会(あ)う 만나다 ________ ________
2. 食(た)べる 먹다 ________ ________
3. する 하다 ________ ________

✎ 주어진 동사에 ません과 ませんでした를 붙여 봅시다.

1. あそぶ 놀다 ________ ________
2. 来(く)る 오다 ________ ________
3. ねる 자다 ________ ________

2 ない형 활용(～ない・～ないです・～なかった・～なかったです)

동사를 부정형으로 만들 수 있는 ない형 활용에 대해 알아봅시다.

1. 뜻

현재형		과거형	
～ない	~(하)지 않는다	～なかった	~(하)지 않았다
～ないです	~(하)지 않습니다	～なかったです	~(하)지 않았습니다

2. ない형 활용 방법

① 1그룹 동사

어미 う단을 あ단으로 바꾼 후, 뒤에 「ない・ないです・なかった・なかったです」를 붙이면 됩니다.

う단	う	く	ぐ	す	つ	ぬ	ぶ	む	る
あ단	わ	か	が	さ	た	な	ば	ま	ら

② 2그룹 동사

마지막 글자 る를 삭제한 후, 뒤에 「ない・ないです・なかった・なかったです」를 붙이면 됩니다.

見(み)る 보다 ⇨	見(み)+ない 보지 않는다	見(み)+なかった 보지 않았다
	見(み)+ないです 보지 않습니다	見(み)+なかったです 보지 않았습니다

③ **3그룹 동사**

불규칙 동사이므로 아래의 정해진 형태 그대로 외웁니다.

する 하다	⇨	しない 하지 않는다 しないです 하지 않습니다 しなかった 하지 않았다 しなかったです 하지 않았습니다
来(く)る 오다	⇨	来(こ)ない 오지 않는다 来(こ)ないです 오지 않습니다 来(こ)なかった 오지 않았다 来(こ)なかったです 오지 않았습니다

MINI TEST ない형 활용

✎ 주어진 동사에 ない와 ないです를 붙여 봅시다.

1. のむ 마시다 ________ ________
2. いる 있다 ________ ________
3. する 하다 ________ ________

✎ 주어진 동사에 なかった와 なかったです를 붙여 봅시다.

1. おりる 내리다 ________ ________
2. 話(はな)す 이야기하다 ________ ________
3. 来(く)る 오다 ________ ________

03 일본어 주요 동사 활용 미리보기 ②

① て형 활용

동사를 연결형으로 만들 수 있는 て형 활용에 대해 알아봅시다.

1. 뜻

~て: ~(하)고, ~(해)서

2. て형 활용 방법

① 1그룹 동사

(1) 어미가 う、つ、る로 끝나는 경우 어미를 삭제한 후 って를 붙이면 됩니다.

買(か)う 사다	→	買(か)+って 사고, 사서
待(ま)つ 기다리다	→	待(ま)+って 기다리고, 기다려서
乗(の)る 타다	→	乗(の)+って 타고, 타서

(2) 어미가 ぬ、む、ぶ로 끝나는 경우 어미를 삭제한 후 んで를 붙이면 됩니다.

死(し)ぬ 죽다	→	死(し)+んで 죽고, 죽어서
飲(の)む 마시다	→	飲(の)+んで 마시고, 마셔서
遊(あそ)ぶ 놀다	→	遊(あそ)+んで 놀고, 놀아서

(3) 어미가 く、ぐ로 끝나는 경우 어미를 삭제한 후 각각 いて、いで를 붙이면 됩니다.

聞(き)く 듣다	→	聞(き)+いて 듣고, 들어서
泳(およ)ぐ 수영하다	→	泳(およ)+いで 수영하고, 수영해서

※예외: 行(い)く(가다)의 경우, 行(い)いて가 아닌 行(い)って(가고, 가서)가 됩니다.

(4) 어미가 す로 끝나는 경우 어미를 삭제한 후 して를 붙이면 됩니다.

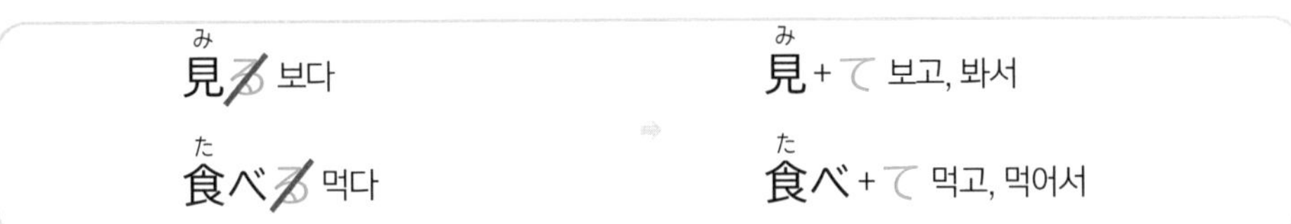

話(はな)す 이야기하다
話(はな)+して 이야기하고, 이야기해서

② 2그룹 동사

마지막 글자 る를 삭제한 후, 뒤에 て를 붙이면 됩니다.

見(み)る 보다	➡	見(み)+て 보고, 봐서
食(た)べる 먹다		食(た)べ+て 먹고, 먹어서

③ 3그룹 동사

불규칙 동사이므로 아래의 정해진 형태 그대로 외웁니다.

する 하다	➡	して 하고, 해서
来(く)る 오다	➡	来(き)て 오고, 와서

MINI TEST て형 활용

✎ 주어진 동사에 て를 붙여 봅시다.

❶ 会(あ)う 만나다

____

❷ ねる 자다

____

❸ する 하다

____

❹ よぶ 부르다

____

❺ かく 쓰다

____

❻ おす 누르다

____

❼ 行(い)く 가다

____

❽ 来(く)る 오다

____

❾ おきる 일어나다

____

❿ のむ 마시다

____

② た형 활용

동사를 과거형으로 만들 수 있는 た형 활용에 대해 알아봅시다.

1. 뜻

~た: ~(했)다

2. た형 활용 방법

① 1그룹 동사

(1) 어미가 う、つ、る로 끝나는 경우 어미를 삭제한 후 った를 붙이면 됩니다.

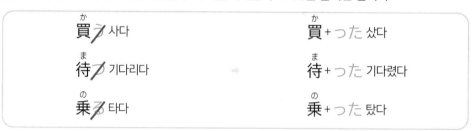

(2) 어미가 ぬ、む、ぶ로 끝나는 경우 어미를 삭제한 후 んだ를 붙이면 됩니다.

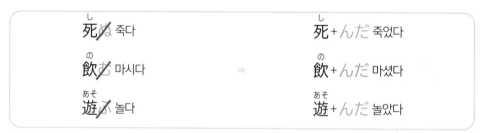

(3) 어미가 く、ぐ로 끝나는 경우 어미를 삭제한 후 각각 いた、いだ를 붙이면 됩니다.

※예외: 行(い)く(가다)의 경우, 行(い)いた가 아닌 行(い)った(갔다)가 됩니다.

(4) 어미가 す로 끝나는 경우 어미를 삭제한 후 した를 붙이면 됩니다.

話(はな)す 이야기하다 → 話(はな)+した 이야기했다

② 2그룹 동사

마지막 글자 る를 삭제한 후, 뒤에 た를 붙이면 됩니다.

見(み)~~る~~ 보다	➡	見(み)+た 봤다
食(た)べ~~る~~ 먹다		食(た)べ+た 먹었다

③ 3그룹 동사

불규칙 동사이므로 아래의 정해진 형태 그대로 외웁니다.

する 하다	➡	した 했다
来(く)る 오다	➡	来(き)た 왔다

MINI TEST た형 활용

✎ 주어진 동사에 た를 붙여 봅시다.

❶ うる 팔다

____

❷ よむ 읽다

____

❸ おりる 내리다

____

❹ いそぐ 서두르다

____

❺ 来(く)る 오다

____

❻ 出(だ)す 내다, 제출하다

____

❼ する 하다

____

❽ あるく 걷다

____

❾ 忘(わす)れる 잊다

____

❿ まつ 기다리다

____

PART
2

04

존댓말을 만들 때 쓰는 ます형 ①

① ます형이란

동사 뒤에 ます를 붙이면 '~(합)니다'라는 의미가 되며, 동사의 각 그룹에 따라 ます를 붙이는 방법이 달라집니다.

② ます형 활용 방법①

① 1그룹 동사

어미 う단(う・く・ぐ・す・つ・ぬ・ぶ・む・る)을 い단(い・き・ぎ・し・ち・に・び・み・り)으로 바꾸면 ます형이 됩니다.
ます형을 만든 후 뒤에「ます」를 붙이면 '~(합)니다',「ました」를 붙이면 '~(했)습니다' 가 됩니다.

동사	ます형	+	→	뜻
書(か)く 쓰다	書(か)き	ます	書(か)きます	씁니다
		ました	書(か)きました	썼습니다

동사	ます형	+	→	뜻
読(よ)む 읽다	読(よ)み	ます	読(よ)みます	읽습니다
		ました	読(よ)みました	읽었습니다

* 예외 1그룹 동사도 1그룹 동사이므로 활용법이 동일합니다.

동사	ます형	+	→	뜻
帰(かえ)る 돌아가다, 돌아오다	帰(かえ)り	ます	帰(かえ)ります	돌아갑니다, 돌아옵니다
		ました	帰(かえ)りました	돌아갔습니다, 돌아왔습니다

☆ 毎日(まいにち)ブログを書(か)きます。 매일 블로그를 씁니다.

☆ その本(ほん)はもう読(よ)みました。 그 책은 이미 읽었습니다.

② 2그룹 동사

마지막 글자 る를 삭제하면 ます형이 됩니다. 뒤에 「ます(~(합)니다)」와 「ました(~(했)습니다)」를 붙여 활용합니다.

見(み)~~る~~ 보다			
+	ます	→ 見(み)ます	봅니다
	ました	見(み)ました	봤습니다

食(た)べ~~る~~ 먹다			
+	ます	→ 食(た)べます	먹습니다
	ました	食(た)べました	먹었습니다

☆ 明日(あした)は友(とも)だちと映画(えいが)を見(み)ます。 내일은 친구와 영화를 봅니다.

☆ 今日(きょう)はラーメンを食(た)べました。 오늘은 라멘을 먹었습니다.

③ 3그룹 동사

불규칙동사이므로 정해진 형태를 그대로 외웁니다.

する 하다		
→	します	합니다
	しました	했습니다

来(く)る 오다		
→	来(き)ます	옵니다
	来(き)ました	왔습니다

☆ いつも図書館(としょかん)でべんきょうをします。 항상 도서관에서 공부를 합니다.

☆ 母(はは)が昨日(きのう)東京(とうきょう)に来(き)ました。 엄마가 어제 도쿄에 왔습니다.

새단어 毎日(まいにち) 매일 | ブログ 블로그 | その 그 | 本(ほん) 책 | もう 이미 | 明日(あした) 내일 | 友(とも)だち 친구 | 映画(えいが) 영화 | 今日(きょう) 오늘 | ラーメン 라멘 | いつも 항상 | 図書館(としょかん) 도서관 | べんきょう 공부 | 母(はは) 엄마, 어머니 | 昨日(きのう) 어제 | 東京(とうきょう) 도쿄

주요 동사의 ます형 활용 살펴보기

	기본형	~ます ~(합)니다	~ました ~(했)습니다
1그룹	会(あ)う 만나다	会(あ)います 만납니다	会(あ)いました 만났습니다
	買(か)う 사다	買(か)います 삽니다	買(か)いました 샀습니다
	行(い)く 가다	行(い)きます 갑니다	行(い)きました 갔습니다
	聞(き)く 듣다, 묻다	聞(き)きます 듣습니다, 묻습니다	聞(き)きました 들었습니다, 물었습니다
	泳(およ)ぐ 수영하다	泳(およ)ぎます 수영합니다	泳(およ)ぎました 수영했습니다
	出(だ)す 내다, 제출하다	出(だ)します 냅니다, 제출합니다	出(だ)しました 냈습니다, 제출했습니다
	話(はな)す 이야기하다	話(はな)します 이야기합니다	話(はな)しました 이야기했습니다
	待(ま)つ 기다리다	待(ま)ちます 기다립니다	待(ま)ちました 기다렸습니다
	持(も)つ 들다, 가지다	持(も)ちます 듭니다, 가집니다	持(も)ちました 들었습니다, 가졌습니다
	死(し)ぬ 죽다	死(し)にます 죽습니다	死(し)にました 죽었습니다
	遊(あそ)ぶ 놀다	遊(あそ)びます 놉니다	遊(あそ)びました 놀았습니다
	呼(よ)ぶ 부르다	呼(よ)びます 부릅니다	呼(よ)びました 불렀습니다
	飲(の)む 마시다	飲(の)みます 마십니다	飲(の)みました 마셨습니다
	読(よ)む 읽다	読(よ)みます 읽습니다	読(よ)みました 읽었습니다
	乗(の)る 타다	乗(の)ります 탑니다	乗(の)りました 탔습니다

	기본형	~ます ~(합)니다	~ました ~(했)습니다
예외 1그룹	帰(かえ)る 돌아가다, 돌아오다	帰(かえ)ります 돌아갑니다, 돌아옵니다	帰(かえ)りました 돌아갔습니다, 돌아왔습니다
	切(き)る 자르다	切(き)ります 자릅니다	切(き)りました 잘랐습니다
	入(はい)る 들어가다, 들어오다	入(はい)ります 들어갑니다, 들어옵니다	入(はい)りました 들어갔습니다, 들어왔습니다
	走(はし)る 달리다	走(はし)ります 달립니다	走(はし)りました 달렸습니다
2그룹	見(み)る 보다	見(み)ます 봅니다	見(み)ました 봤습니다
	いる 있다	います 있습니다	いました 있었습니다
	着(き)る 입다	着(き)ます 입습니다	着(き)ました 입었습니다
	起(お)きる 일어나다	起(お)きます 일어납니다	起(お)きました 일어났습니다
	降(お)りる 내리다	降(お)ります 내립니다	降(お)りました 내렸습니다
	食(た)べる 먹다	食(た)べます 먹습니다	食(た)べました 먹었습니다
	寝(ね)る 자다	寝(ね)ます 잡니다	寝(ね)ました 잤습니다
	出(で)る 나가다, 나오다	出(で)ます 나갑니다, 나옵니다	出(で)ました 나갔습니다, 나왔습니다
	忘(わす)れる 잊다	忘(わす)れます 잊습니다	忘(わす)れました 잊었습니다
3그룹	する 하다	します 합니다	しました 했습니다
	来(く)る 오다	来(き)ます 옵니다	来(き)ました 왔습니다

다음 제시된 동사에 「ます」, 「ました」를 붙여 활용한 후 우리말 뜻을 써 보세요.

	기본형	~ます ~(합)니다	~ました ~(했)습니다
1그룹	行(い)く 가다		
	待(ま)つ 기다리다		
	乗(の)る 타다		
	遊(あそ)ぶ 놀다		
	会(あ)う 만나다		
	帰(かえ)る 돌아가다, 돌아오다		
	飲(の)む 마시다		
	話(はな)す 이야기하다		
	泳(およ)ぐ 수영하다		
	切(き)る 자르다		
2그룹	見(み)る 보다		
	食(た)べる 먹다		
	寝(ね)る 자다		
	着(き)る 입다		
3그룹	する 하다		
	来(く)る 오다		

STEP 2 제시된 동사를 활용하여 문장을 완성해 보세요.

1 メールを ＿＿＿＿＿。 (書く 쓰다)

메일을 썼습니다.

2 映画を ＿＿＿＿＿。 (見る 보다)

영화를 봅니다.

3 電話で ＿＿＿＿＿。 (話す 이야기하다)

전화로 이야기했습니다.

4 弟と ＿＿＿＿＿。 (遊ぶ 놀다)

남동생과 놀았습니다.

5 宿題を ＿＿＿＿＿。 (する 하다)

숙제를 했습니다.

6 友だちが ＿＿＿＿＿。 (来る 오다)

친구가 옵니다.

새단어 メール 메일 | 映画 영화 | 電話 전화 | 弟 남동생 | 宿題 숙제 | 友だち 친구

 다음 SNS 글에서 틀린 부분 세 곳을 올바르게 고쳐보세요.

すぎょんい
@soo-chandesu

今日(きょう)は天気(てんき)がよかったので、
近(ちか)くの公園(こうえん)に①いけました。
오늘은 날씨가 좋았기 때문에,
근처 공원에 갔습니다.

友(とも)だちとシーソーで
②あそばました。
친구와 시소에서 놀았습니다.

本当(ほんとう)に楽(たの)しかったです。
明日(あした)もまた③くます！
정말로 즐거웠습니다.
내일도 또 오겠습니다!

＋ #

올바르게 수정하기

①

②

③

새단어 今日(きょう) 오늘 | 天気(てんき) 날씨 | よい 좋다 | ～ので ~때문에, ~므로 | 近(ちか)く 근처 | 公園(こうえん) 공원, 놀이터 | いく 가다 | 友(とも)だち 친구 | シーソー 시소 | あそぶ 놀다 | 本当(ほんとう)に 정말로 | 楽(たの)しい 즐겁다 | 明日(あした) 내일 | また 또 | くる 오다

STEP 4 다음 한국어 문장을 일본어로 작성해 보세요. 04-1

1 ______________________________。

선배에게 오랜만에 메일을 썼습니다.

2 ______________________________。

항상 넷플릭스로 영화를 봅니다.

3 ______________________________。

아까 전화로 이야기했습니다.

4 ______________________________。

어제는 집에서 남동생과 놀았습니다.

5 ______________________________。

오늘은 거실에서 숙제를 했습니다.

6 ______________________________。

내일은 오사카에서 친구가 옵니다.

새단어 せんぱい 선배 | 久(ひさ)しぶりに 오랜만에 | いつも 항상 | ネットフリックス 넷플릭스 | さっき 아까 | 電話(でんわ) 전화 | 昨日(きのう) 어제 | 家(いえ) 집 | 今日(きょう) 오늘 | リビング 거실 | 明日(あした) 내일 | 大阪(おおさか) 오사카 | 友(とも)だち 친구

05
존댓말을 만들 때 쓰는 ます형 ②

① ます형 활용 방법②

앞 챕터에서 배운 ます형 뒤에 ます대신 「ません」을 붙이면 현재부정형 '~(하)지 않습니다', 「ませんでした」를 붙이면 과거부정형 '~(하)지 않았습니다'가 됩니다.

① 1그룹 동사

* 예외 1그룹 동사도 1그룹 동사이므로 활용법이 동일합니다.

要(い)る 필요하다	要(い)り	ません	要(い)りません 필요하지 않습니다
		ませんでした	要(い)りませんでした 필요하지 않았습니다

☆ 明日(あした)はどこへも行(い)きません。　내일은 어디에도 가지 않습니다.

☆ まだ誰(だれ)にも話(はな)しませんでした。　아직 누구에게도 이야기하지 않았습니다.

② 2그룹 동사

起(お)き~~る~~ 일어나다	+	ません	→	起(お)きません 일어나지 않습니다
		ませんでした	→	起(お)きませんでした 일어나지 않았습니다

寝(ね)~~る~~ 자다	+	ません	→	寝(ね)ません 자지 않습니다
		ませんでした	→	寝(ね)ませんでした 자지 않았습니다

☆ 今朝(けさ)は早(はや)く起(お)きませんでした。 오늘 아침은 일찍 일어나지 않았습니다.

☆ 私(わたし)はまだ寝(ね)ません。 저는 아직 자지 않습니다.

③ 3그룹 동사

する 하다	→	しません	하지 않습니다
		しませんでした	하지 않았습니다

来(く)る 오다	→	来(き)ません	오지 않습니다
		来(き)ませんでした	오지 않았습니다

☆ 今日(きょう)は何(なに)もしません。 오늘은 아무것도 하지 않습니다.

☆ 昨日(きのう)は誰(だれ)も来(き)ませんでした。 어제는 아무도 오지 않았습니다.

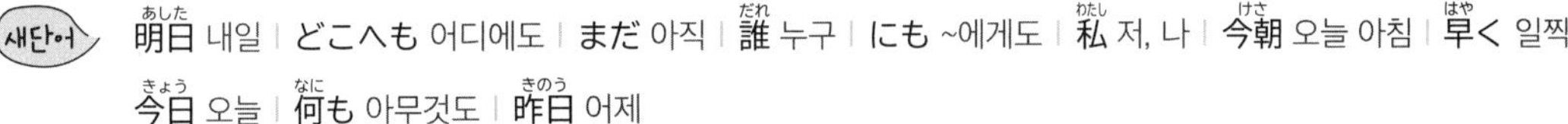

주요 동사의 ます형 활용 살펴보기

	기본형	~ません ~(하)지 않습니다	~ませんでした ~(하)지 않았습니다
1그룹	会(あ)う 만나다	会(あ)いません 만나지 않습니다	会(あ)いませんでした 만나지 않았습니다
	買(か)う 사다	買(か)いません 사지 않습니다	買(か)いませんでした 사지 않았습니다
	行(い)く 가다	行(い)きません 가지 않습니다	行(い)きませんでした 가지 않았습니다
	聞(き)く 듣다, 묻다	聞(き)きません 듣지 않습니다, 묻지 않습니다	聞(き)きませんでした 듣지 않았습니다, 묻지 않았습니다
	泳(およ)ぐ 수영하다	泳(およ)ぎません 수영하지 않습니다	泳(およ)ぎませんでした 수영하지 않았습니다
	出(だ)す 내다, 제출하다	出(だ)しません 내지 않습니다, 제출하지 않습니다	出(だ)しませんでした 내지 않았습니다, 제출하지 않았습니다
	話(はな)す 이야기하다	話(はな)しません 이야기하지 않습니다	話(はな)しませんでした 이야기하지 않았습니다
	待(ま)つ 기다리다	待(ま)ちません 기다리지 않습니다	待(ま)ちませんでした 기다리지 않았습니다
	持(も)つ 들다, 가지다	持(も)ちません 들지 않습니다, 가지지 않습니다	持(も)ちませんでした 들지 않았습니다, 가지지 않았습니다
	死(し)ぬ 죽다	死(し)にません 죽지 않습니다	死(し)にませんでした 죽지 않았습니다
	遊(あそ)ぶ 놀다	遊(あそ)びません 놀지 않습니다	遊(あそ)びませんでした 놀지 않았습니다
	呼(よ)ぶ 부르다	呼(よ)びません 부르지 않습니다	呼(よ)びませんでした 부르지 않았습니다
	飲(の)む 마시다	飲(の)みません 마시지 않습니다	飲(の)みませんでした 마시지 않았습니다
	読(よ)む 읽다	読(よ)みません 읽지 않습니다	読(よ)みませんでした 읽지 않았습니다
	乗(の)る 타다	乗(の)りません 타지 않습니다	乗(の)りませんでした 타지 않았습니다

	기본형	~ません ~(하)지 않습니다	~ませんでした ~(하)지 않았습니다
예외 1그룹	帰(かえ)る 돌아가다, 돌아오다	帰(かえ)りません 돌아가지 않습니다, 돌아오지 않습니다	帰(かえ)りませんでした 돌아가지 않았습니다, 돌아오지 않았습니다
	切(き)る 자르다	切(き)りません 자르지 않습니다	切(き)りませんでした 자르지 않았습니다
	入(はい)る 들어가다, 들어오다	入(はい)りません 들어가지 않습니다, 들어오지 않습니다	入(はい)りませんでした 들어가지 않았습니다, 들어오지 않았습니다
	走(はし)る 달리다	走(はし)りません 달리지 않습니다	走(はし)りませんでした 달리지 않았습니다
2그룹	見(み)る 보다	見(み)ません 보지 않습니다	見(み)ませんでした 보지 않았습니다
	いる 있다	いません 있지 않습니다(없습니다)	いませんでした 있지 않았습니다(없었습니다)
	着(き)る 입다	着(き)ません 입지 않습니다	着(き)ませんでした 입지 않았습니다
	起(お)きる 일어나다	起(お)きません 일어나지 않습니다	起(お)きませんでした 일어나지 않았습니다
	降(お)りる 내리다	降(お)りません 내리지 않습니다	降(お)りませんでした 내리지 않았습니다
	食(た)べる 먹다	食(た)べません 먹지 않습니다	食(た)べませんでした 먹지 않았습니다
	寝(ね)る 자다	寝(ね)ません 자지 않습니다	寝(ね)ませんでした 자지 않았습니다
	出(で)る 나가다, 나오다	出(で)ません 나가지 않습니다, 나오지 않습니다	出(で)ませんでした 나가지 않았습니다, 나오지 않았습니다
	忘(わす)れる 잊다	忘(わす)れません 잊지 않습니다	忘(わす)れませんでした 잊지 않았습니다
3그룹	する 하다	しません 하지 않습니다	しませんでした 하지 않았습니다
	来(く)る 오다	来(き)ません 오지 않습니다	来(き)ませんでした 오지 않았습니다

다음 제시된 동사에 「ません」, 「ませんでした」를 붙여 활용한 후 우리말 뜻을 써 보세요.

	기본형	~ません ~(하)지 않습니다	~ませんでした ~(하)지 않았습니다
1그룹	行(い)く 가다		
	待(ま)つ 기다리다		
	乗(の)る 타다		
	遊(あそ)ぶ 놀다		
	会(あ)う 만나다		
	帰(かえ)る 돌아가다, 돌아오다		
	飲(の)む 마시다		
	話(はな)す 이야기하다		
	泳(およ)ぐ 수영하다		
	切(き)る 자르다		
2그룹	見(み)る 보다		
	食(た)べる 먹다		
	寝(ね)る 자다		
	着(き)る 입다		
	忘(わす)れる 잊다		
3그룹	する 하다		
	来(く)る 오다		

STEP 2 제시된 동사를 활용하여 문장을 완성해 보세요.

1 まだ [　　　　　　]。 (寝(ね)る 자다)

아직 자지 않습니다.

2 学校(がっこう)に [　　　　　　]。 (行(い)く 가다)

학교에 가지 않습니다.

3 ミラクルは [　　　　　　]。 (起(お)きる 일어나다)

기적은 일어나지 않았습니다.

4 アイスコーヒーしか [　　　　　　]。 (飲(の)む 마시다)

아이스커피밖에 마시지 않습니다.

5 何(なに)も [　　　　　　]。 (買(か)う 사다)

아무것도 사지 않았습니다.

6 料理(りょうり)は [　　　　　　]。 (する 하다)

요리는 하지 않습니다.

새단어 まだ 아직 | 学校(がっこう) 학교 | ミラクル 기적 | アイスコーヒー 아이스커피 | ~しか ~밖에 | 何(なに)も 아무것도, 무엇도 | 料理(りょうり) 요리

STEP 3 다음 리뷰 글에서 틀린 부분 세 곳을 올바르게 고쳐보세요.

<

二度(にど)と利用(りよう)①すません。

두 번 다시 이용하지 않겠습니다.

部屋(へや)は汚(きたな)いし、エアコンも②つかませんでした。

방은 더럽고, 에어컨도 켜지지 않았습니다.

とにかく③すすめりません。

어쨌든 추천하지 않습니다.

12月(がつ)25日(にち) | 20代(だい) 女性(じょせい)

올바르게 수정하기

①

②

③

새단어 二度(にど)と 두 번 다시 | 利用(りよう) 이용 | する 하다 | 部屋(へや) 방 | 汚(きたな)い 더럽다 | ～し ~(하)고 | エアコン 에어컨 | つく 켜지다 | とにかく 어쨌든 | すすめる 추천하다 | ～代(だい) ~대 | 女性(じょせい) 여성

STEP 4 다음 한국어 문장을 일본어로 작성해 보세요. 05-1

1 ____。

내일은 휴일이니까 아직 자지 않습니다.

2 ____。

토요일은 학교에 가지 않습니다.

3 ____。

역시 기적은 일어나지 않았습니다.

4 ____。

저는 겨울이라도 아이스커피밖에 마시지 않습니다.

5 ____。

가격이 비싸서 아무것도 사지 않았습니다.

6 ____。

요리는 그다지 하지 않습니다.

새단어 明日(あした) 내일 | 休み(やす) 휴일 | ～から ~니까, ~므로 | 土曜日(どようび) 토요일 | やっぱり 역시 | 冬(ふゆ) 겨울 | ～でも ~이라도 | ねだん 가격 | 高い(たか) 비싸다 | ～くて ~(해)서 | あまり 그다지

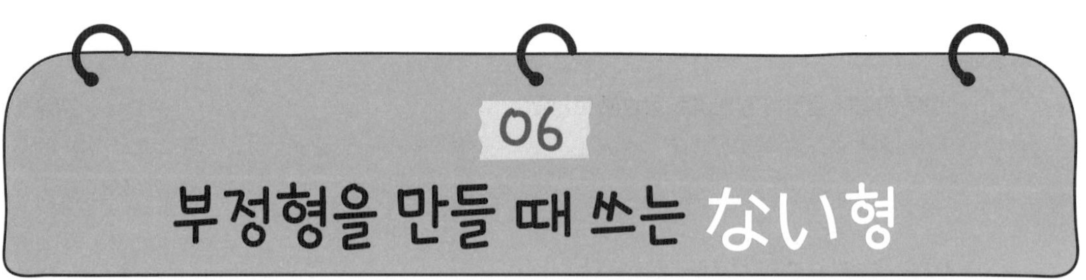

① ない형이란

동사 뒤에 ない를 붙이면 '~(하)지 않는다'라는 의미가 되며, 동사의 각 그룹에 따라 ない를 붙이는 방법이 달라집니다.

② ない형 활용 방법

① 1그룹 동사

어미 う단(う・く・ぐ・す・つ・ぬ・ぶ・む・る)을 あ단(わ・か・が・さ・た・な・ば・ま・ら)으로 바꾸면 ない형이 됩니다. 주의할 점은 어미가 う인 경우는 あ가 아닌 わ로 바뀐다는 점입니다.
ない형을 만든 후 뒤에 「ない」를 붙이면 '~(하)지 않는다', 「なかった」를 붙이면 '~(하)지 않았다'가 됩니다.

기본형	어간	+	결과
飲(の)む 마시다	飲(の)ま	ない	飲(の)まない 마시지 않는다
		なかった	飲(の)まなかった 마시지 않았다

이 뒤에 「です」를 붙이면 「ないです」 '~(하)지 않습니다', 「なかったです」 '~(하)지 않았습니다' 와 같이 정중한 표현이 됩니다.

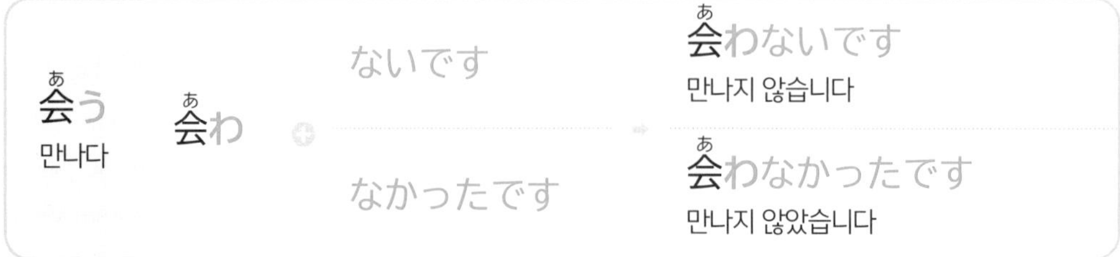

기본형	어간	+	결과
会(あ)う 만나다	会(あ)わ	ないです	会(あ)わないです 만나지 않습니다
		なかったです	会(あ)わなかったです 만나지 않았습니다

* 예외 1그룹 동사도 1그룹 동사이므로 활용법이 동일합니다.

☆ お酒(さけ)はあまり飲(の)まない。 술은 그다지 마시지 않는다.

☆ 昨日(きのう)は会(あ)わなかったです。 어제는 만나지 않았습니다.

② 2그룹 동사

마지막 글자 る를 삭제하면 ない형이 됩니다. 뒤에 「ない(~(하)지 않는다)」, 「なかった(~(하)지 않았다)」, 「ないです(~(하)지 않습니다)」, 「なかったです(~(하)지 않았습니다)」를 붙여 활용합니다.

まける 지다	ないです	まけないです 지지 않습니다
	なかったです	まけなかったです 지지 않았습니다

☆ 娘(むすめ)は毎日(まいにち)同(おな)じ服(ふく)しか着(き)ない。 딸은 매일 같은 옷밖에 입지 않는다.

☆ 去年(きょねん)は一度(いちど)もまけなかったです。 작년에는 한 번도 지지 않았습니다.

③ 3그룹 동사

불규칙동사이므로 정해진 형태를 그대로 외웁니다.

する 하다	しない	하지 않는다
	しなかった	하지 않았다

来(く)る 오다	来(こ)ないです	오지 않습니다
	来(こ)なかったです	오지 않았습니다

☆ 雨(あめ)の日(ひ)は洗濯(せんたく)しない。 비 오는 날은 세탁하지 않는다.

☆ 連絡(れんらく)が来(こ)なかったです。 연락이 오지 않았습니다.

주요 동사의 ない형 활용 살펴보기

	기본형	~ない ~(하)지 않는다	~なかった ~(하)지 않았다
1그룹	会(あ)う 만나다	会(あ)わない 만나지 않는다	会(あ)わなかった 만나지 않았다
	買(か)う 사다	買(か)わない 사지 않는다	買(か)わなかった 사지 않았다
	行(い)く 가다	行(い)かない 가지 않는다	行(い)かなかった 가지 않았다
	聞(き)く 듣다, 묻다	聞(き)かない 듣지 않는다, 묻지 않는다	聞(き)かなかった 듣지 않았다, 묻지 않았다
	泳(およ)ぐ 수영하다	泳(およ)がない 수영하지 않는다	泳(およ)がなかった 수영하지 않았다
	出(だ)す 내다, 제출하다	出(だ)さない 내지 않는다, 제출하지 않는다	出(だ)さなかった 내지 않았다, 제출하지 않았다
	話(はな)す 이야기하다	話(はな)さない 이야기하지 않는다	話(はな)さなかった 이야기하지 않았다
	待(ま)つ 기다리다	待(ま)たない 기다리지 않는다	待(ま)たなかった 기다리지 않았다
	持(も)つ 들다, 가지다	持(も)たない 들지 않는다, 가지지 않는다	持(も)たなかった 들지 않았다, 가지지 않았다
	死(し)ぬ 죽다	死(し)なない 죽지 않는다	死(し)ななかった 죽지 않았다
	遊(あそ)ぶ 놀다	遊(あそ)ばない 놀지 않는다	遊(あそ)ばなかった 놀지 않았다
	呼(よ)ぶ 부르다	呼(よ)ばない 부르지 않는다	呼(よ)ばなかった 부르지 않았다
	飲(の)む 마시다	飲(の)まない 마시지 않는다	飲(の)まなかった 마시지 않았다
	読(よ)む 읽다	読(よ)まない 읽지 않는다	読(よ)まなかった 읽지 않았다
	乗(の)る 타다	乗(の)らない 타지 않는다	乗(の)らなかった 타지 않았다

	기본형	~ない ~(하)지 않는다	~なかった ~(하)지 않았다
예외 1그룹	帰(かえ)る 돌아가다, 돌아오다	帰(かえ)らない 돌아가지 않는다, 돌아오지 않는다	帰(かえ)らなかった 돌아가지 않았다, 돌아오지 않았다
	切(き)る 자르다	切(き)らない 자르지 않는다	切(き)らなかった 자르지 않았다
	入(はい)る 들어가다, 들어오다	入(はい)らない 들어가지 않는다, 들어오지 않는다	入(はい)らなかった 들어가지 않았다, 들어오지 않았다
	走(はし)る 달리다	走(はし)らない 달리지 않는다	走(はし)らなかった 달리지 않았다
2그룹	見(み)る 보다	見(み)ない 보지 않는다	見(み)なかった 보지 않았다
	いる 있다	いない 있지 않다(없다)	いなかった 있지 않았다(없었다)
	着(き)る 입다	着(き)ない 입지 않는다	着(き)なかった 입지 않았다
	起(お)きる 일어나다	起(お)きない 일어나지 않는다	起(お)きなかった 일어나지 않았다
	降(お)りる 내리다	降(お)りない 내리지 않는다	降(お)りなかった 내리지 않았다
	食(た)べる 먹다	食(た)べない 먹지 않는다	食(た)べなかった 먹지 않았다
	寝(ね)る 자다	寝(ね)ない 자지 않는다	寝(ね)なかった 자지 않았다
	出(で)る 나가다, 나오다	出(で)ない 나가지 않는다, 나오지 않는다	出(で)なかった 나가지 않았다, 나오지 않았다
	忘(わす)れる 잊다	忘(わす)れない 잊지 않는다	忘(わす)れなかった 잊지 않았다
3그룹	する 하다	しない 하지 않는다	しなかった 하지 않았다
	来(く)る 오다	来(こ)ない 오지 않는다	来(こ)なかった 오지 않았다

다음 제시된 동사에 「ない」, 「なかった」를 붙여 활용한 후 우리말 뜻을 써 보세요.

기본형		~ない ~(하)지 않는다	~なかった ~(하)지 않았다
1그룹	行(い)く 가다		
	待(ま)つ 기다리다		
	乗(の)る 타다		
	遊(あそ)ぶ 놀다		
	会(あ)う 만나다		
	帰(かえ)る 돌아가다, 돌아오다		
	飲(の)む 마시다		
	話(はな)す 이야기하다		
	泳(およ)ぐ 수영하다		
	切(き)る 자르다		
2그룹	見(み)る 보다		
	食(た)べる 먹다		
	寝(ね)る 자다		
	着(き)る 입다		
3그룹	する 하다		
	来(く)る 오다		

STEP 2 제시된 동사를 활용하여 문장을 완성해 보세요.

1 今週(こんしゅう)は ______________ 。 会(あ)う 만나다

이번 주는 만나지 않았습니다.

2 水(みず)を ______________ 。 飲(の)む 마시다

물을 마시지 않았다.

3 誰(だれ)にも ______________ 。 まける 지다

누구에게도 지지 않는다.

4 仕事(しごと)が ______________ 。 終(お)わる 끝나다

일이 끝나지 않았다.

5 れんらくが ______________ 。 来(く)る 오다

연락이 오지 않습니다.

6 べんきょう ______________ 。 する 하다

공부하지 않았습니다.

새단어 今週(こんしゅう) 이번 주 | 水(みず) 물 | 誰(だれ) 누구 | ~にも ~에게도 | 仕事(しごと) 일 | れんらく 연락 | べんきょう 공부

다음 블로그 글에서 틀린 부분 세 곳을 올바르게 고쳐보세요.

昨日(きのう)は家族(かぞく)でカラオケにいきました。

어제는 가족끼리 노래방에 갔습니다.

弟(おとうと)は①いけなかったです。

남동생은 가지 않았습니다.

母(はは)はいつも②うたあないです・・・。

엄마는 항상 노래하지 않습니다….

だから、父(ちち)と二人(ふたり)でたくさんうたいました。

그래서, 아빠와 둘이서 많이 노래했습니다.

飲(の)み物(もの)は注文(ちゅうもん)③すらなかったです。

음료는 주문하지 않았습니다.

+ #

올바르게 수정하기

① ....

② ....

③ ....

새단어 昨日(きのう) 어제 | 家族(かぞく) 가족 | カラオケ 노래방 | いく 가다 | 弟(おとうと) 남동생 | 母(はは) 엄마 | いつも 항상 | うたう 노래하다 | だから 그래서 | 父(ちち) 아빠 | 二人(ふたり) 둘, 두 사람 | たくさん 많이 | 飲(の)み物(もの) 음료, 마실 것 | 注文(ちゅうもん) 주문 | する 하다

STEP 4 다음 한국어 문장을 일본어로 작성해 보세요. 06-1

1 ______________________________。

이번 주는 아무와도 만나지 않았습니다.

2 ______________________________。

하루 종일 물을 마시지 않았다.

3 ______________________________。

의욕만은 누구에게도 지지 않는다.

4 ______________________________。

오늘도 일이 끝나지 않았다.

5 ______________________________。

그에게서 일주일간 연락이 오지 않습니다.

6 ______________________________。

어제는 전혀 공부하지 않았습니다.

새단어 誰(だれ)にも 아무와도 | 一日中(いちにちじゅう) 하루 종일 | やる気(き) 의욕 | 今日(きょう) 오늘 | 彼(かれ) 그 | ～から ~에게서 | 1週間(いっしゅうかん) 일주일간 | ぜんぜん 전혀

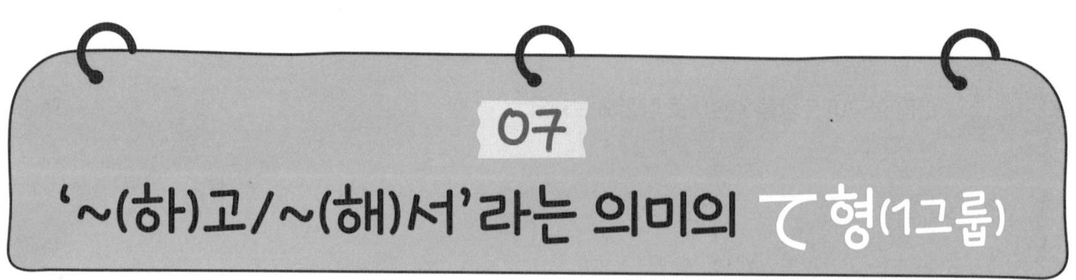

07 '~(하)고/~(해)서'라는 의미의 て형(1그룹)

① て형이란

동사 뒤에 て를 붙이면 '~(하)고/~(해)서'라는 의미가 되며, 동사의 각 그룹에 따라 て를 붙이는 방법이 달라집니다. 특히 1그룹 동사는 어미에 따라 활용법이 4가지로 세분화됩니다.

② 1그룹 동사의 て형 활용 방법

① 어미가 う・つ・る로 끝나는 경우는 어미를 삭제한 후 って를 붙이면 됩니다.

~う + って	買(か)う 사다	買(か)って 사고/사서
~つ + って	持(も)つ 들다	持(も)って 들고/들어서
~る + って	作(つく)る 만들다	作(つく)って 만들고/만들어서

☆ ケーキを買(か)って帰(かえ)ります。 케이크를 사서 돌아갑니다.

☆ 傘(かさ)を持(も)って行(い)くのを忘(わす)れました。 우산을 들고 가는 것을 잊었습니다.

☆ おにぎりを作(つく)って食(た)べました。 주먹밥을 만들어서 먹었습니다.

② 어미가 ぬ・む・ぶ로 끝나는 경우는 어미를 삭제한 후 んで를 붙이면 됩니다.

~ぬ + んで	死(し)ぬ 죽다	死(し)んで 죽고/죽어서
~む + んで	飲(の)む 마시다	飲(の)んで 마시고/마셔서
~ぶ + んで	呼(よ)ぶ 부르다	呼(よ)んで 부르고/불러서

☆ ペットが死(し)んで悲(かな)しい。 반려동물이 죽어서 슬프다.

☆ ビールを飲(の)んで寝(ね)ました。 맥주를 마시고 잤습니다.

☆ 家(いえ)に友(とも)だちを呼(よ)んで遊(あそ)びました。 집에 친구를 불러서 놀았습니다.

③ 어미가 く・ぐ로 끝나는 경우는 어미를 삭제한 후 각각 いて와 いで를 붙이면 됩니다.

~~く~~	いて	お~~く~~ 두다, 놓다	おいて 두고/두어서, 놓고/놓아서
~~ぐ~~	いで	ぬ~~ぐ~~ 벗다	ぬいで 벗고/벗어서

☆ 車(くるま)に財布(さいふ)をおいてきました。 차에 지갑을 놓고 왔습니다.

☆ コートをぬいでハンガーにかけました。 코트를 벗어 옷걸이에 걸었습니다.

※ 예외동사: 行(い)く는 예외로 行(い)って가 됩니다.

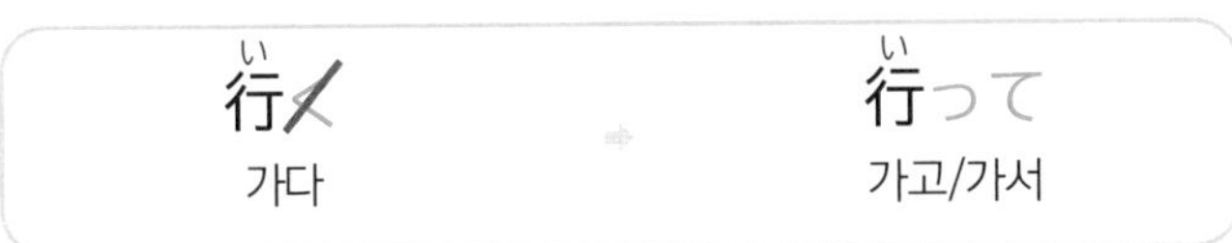

☆ レストランに行(い)って食事(しょくじ)をしました。 레스토랑에 가서 식사를 했습니다.

④ 어미가 す로 끝나는 경우는 어미를 삭제한 후 して를 붙이면 됩니다.

~~す~~	して	押(お)~~す~~ 누르다	押(お)して 누르고/눌러서

☆ スイッチを押(お)して電気(でんき)をつけます。 스위치를 눌러서 전등을 켭니다.

새단어 ケーキ 케이크 | 帰(かえ)る 돌아가다, 돌아오다 | 傘(かさ) 우산 | 行(い)く 가다 | 忘(わす)れる 잊다 | おにぎり 주먹밥 | 食(た)べる 먹다 | ペット 반려동물 | 悲(かな)しい 슬프다 | ビール 맥주 | 寝(ね)る 자다 | 家(いえ) 집 | 友(とも)だち 친구 | 遊(あそ)ぶ 놀다 | 車(くるま) 자동차 | 財布(さいふ) 지갑 | コート 코트 | ハンガー 옷걸이 | かける 걸다 | レストラン 레스토랑 | 食事(しょくじ) 식사 | する 하다 | スイッチ 스위치 | 電気(でんき) 전등 | つける 켜다

주요 동사의 て형 활용 살펴보기

	기본형	~て ~(하)고/~(해)서
	う、つ、る로 끝나는 동사	
1그룹	会う(あ) 만나다	会って(あ) 만나고/만나서
	買う(か) 사다	買って(か) 사고/사서
	待つ(ま) 기다리다	待って(ま) 기다리고/기다려서
	持つ(も) 들다, 가지다	持って(も) 들고/들어서, 가지고/가져서
	座る(すわ) 앉다	座って(すわ) 앉고/앉아서
	乗る(の) 타다	乗って(の) 타고/타서
	終わる(お) 끝나다	終わって(お) 끝나고/끝나서
	帰る(かえ) 돌아가다, 돌아오다	帰って(かえ) 돌아가고/돌아가서, 돌아오고/돌아와서
	ぬ、む、ぶ로 끝나는 동사	
	死ぬ(し) 죽다	死んで(し) 죽고/죽어서
	飲む(の) 마시다	飲んで(の) 마시고/마셔서
	読む(よ) 읽다	読んで(よ) 읽고/읽어서
	遊ぶ(あそ) 놀다	遊んで(あそ) 놀고/놀아서
	呼ぶ(よ) 부르다	呼んで(よ) 부르고/불러서

	기본형	~て ~(하)고/~(해)서
	く、ぐ로 끝나는 동사	
1그룹	書く(か) 쓰다	書いて(か) 쓰고/써서
	聞く(き) 듣다, 묻다	聞いて(き) 듣고/들어서, 묻고/물어서
	泳ぐ(およ) 수영하다	泳いで(およ) 수영하고/수영해서
	急ぐ(いそ) 서두르다	急いで(いそ) 서두르고/서둘러서
	예외 行く(い) 가다	行って(い) 가고/가서
	す로 끝나는 동사	
	出す(だ) 내다, 제출하다	出して(だ) 내고/내서, 제출하고/제출해서
	話す(はな) 이야기하다	話して(はな) 이야기하고/이야기해서

다음 제시된 동사를 て형으로 활용한 후 우리말 뜻을 써 보세요.

	기본형	~て ~(하)고/~(해)서
	会(あ)う 만나다	
	買(か)う 사다	
	待(ま)つ 기다리다	
	持(も)つ 들다, 가지다	
	帰(かえ)る 돌아가다, 돌아오다	
	乗(の)る 타다	
	終(お)わる 끝나다	
	死(し)ぬ 죽다	
	飲(の)む 마시다	
1그룹	読(よ)む 읽다	
	遊(あそ)ぶ 놀다	
	呼(よ)ぶ 부르다	
	行(い)く 가다	
	書(か)く 쓰다	
	聞(き)く 듣다, 묻다	
	泳(およ)ぐ 수영하다	
	急(いそ)ぐ 서두르다	
	出(だ)す 내다, 제출하다	
	話(はな)す 이야기하다	

STEP 2 제시된 동사를 활용하여 문장을 완성해 보세요.

1 スマホを [　　　　　] きました。 (おく 두다)

스마트폰을 두고 왔습니다.

2 ぎょうざを [　　　　　] 食(た)べました。 (作(つく)る 만들다)

만두를 만들어서 먹었습니다.

3 ボタンを [　　　　　] 開(あ)けます。 (押(お)す 누르다)

버튼을 눌러서 엽니다.

4 くつを [　　　　　] 入(はい)ります。 (ぬぐ 벗다)

구두를 벗고 들어갑니다.

5 グラスを [　　　　　] かんぱいします。 (持(も)つ 들다)

잔을 들고 건배합니다.

6 牛(ぎゅう)にゅう [　　　　　] 寝(ね)ます。 (飲(の)む 마시다)

우유를 마시고 잡니다.

새단어 スマホ 스마트폰 | ぎょうざ 만두 | 食(た)べる 먹다 | ボタン 버튼 | 開(あ)ける 열다 | くつ 신발 | 入(はい)る (예외 1그룹)들어가다, 들어오다 | グラス 잔 | かんぱい 건배 | 牛(ぎゅう)にゅう 우유 | 飲(の)む 마시다 | 寝(ね)る 자다

다음 주문 방법 메모에서 틀린 부분 세 곳을 올바르게 고쳐보세요.

注文方法(ちゅうもんほうほう)

주문 방법

1. けんばいきでメニューを①えらんてお金(かね)を入(い)れます。
매표기에서 메뉴를 고르고 돈을 넣습니다.

2. ボタンを②おしってチケットを受(う)け取(と)ります。
버튼을 누르고 티켓을 받습니다.

3. チケットを店員(てんいん)さんに渡(わた)します。
티켓을 점원에게 건넵니다.

4. 席(せき)に③すわいて待(ま)ちます。
자리에 앉아서 기다립니다.

올바르게 수정하기

①

②

③

새단어 注文(ちゅうもん) 주문 | 方法(ほうほう) 방법 | けんばいき 매표기 | メニュー 메뉴 | えらぶ 고르다 | お金(かね) 돈 | 入(い)れる 넣다 | ボタン 버튼 | おす 누르다 | チケット 티켓 | 受(う)け取(と)る 받다 | 店員(てんいん) 점원 | 渡(わた)す 건네다 | 席(せき) 자리 | すわる 앉다 | 待(ま)つ 기다리다

STEP 4 다음 한국어 문장을 일본어로 작성해 보세요. 07-1

1 ______________________________。

회사에 스마트폰을 두고 왔습니다.

2 ______________________________。

만두를 만들어서 다같이 먹었습니다.

3 ______________________________。

버튼을 눌러 문을 엽니다.

4 ______________________________。

구두를 벗고 집에 들어갑니다.

5 ______________________________。

다 함께 잔을 들고 건배합니다.

6 ______________________________。

매일 밤 따뜻한 우유를 마시고 잡니다.

새단어 会社(かいしゃ) 회사 | みんなで 다 함께, 다 같이 | 食(た)べる 먹다 | ドア 문 | 家(いえ) 집 | 毎晩(まいばん) 매일 밤 | 温(あたた)かい 따뜻하다

08 '~(하)고/~(해)서'라는 의미의 て형(2, 3그룹)

1 2그룹 동사의 て형 활용 방법

어미 る를 삭제한 후 て를 붙이면 됩니다.

~~る~~ + て	사전형	て형
	降(お)り~~る~~ 내리다	降(お)りて 내리고/내려서
	借(か)り~~る~~ 빌리다	借(か)りて 빌리고/빌려서
	開(あ)け~~る~~ 열다	開(あ)けて 열고/열어서
	入(い)れ~~る~~ 넣다	入(い)れて 넣고/넣어서

☆ 電車(でんしゃ)を降(お)りてタクシーに乗(の)り換(か)えました。
전철을 내려서 택시로 갈아탔습니다.

☆ レンタカーを借(か)りてドライブに行(い)きます。
렌터카를 빌려서 드라이브를 갑니다.

☆ 昨日(きのう)の夜(よる)は窓(まど)を開(あ)けて寝(ね)ました。
어젯밤은 창문을 열고 잤습니다.

☆ コーヒーにさとうを入(い)れて飲(の)みます。
커피에 설탕을 넣어서 마십니다.

② 3그룹 동사의 て형 활용 방법

불규칙동사이므로 정해진 형태를 그대로 외웁니다.

する 하다	➡	して	하고/해서

来る(くる) 오다	➡	来(き)て	오고/와서

☆ デパートでショッピングして帰(かえ)ります。
백화점에서 쇼핑하고 돌아갑니다.

☆ 朝起(あさお)きてジョギングをしてシャワーを浴(あ)びます。
아침에 일어나서 조깅을 하고 샤워를 합니다.

☆ 友(とも)だちが来(き)て一緒(いっしょ)にゲームをしました。
친구가 와서 함께 게임을 했습니다.

☆ 日本(にほん)に来(き)て日本人(にほんじん)の友(とも)だちができました。
일본에 와서 일본인 친구가 생겼습니다.

새단어 電車(でんしゃ) 전철 | タクシー 택시 | 乗(の)り換(か)える 갈아타다 | レンタカー 렌터카 | ドライブ 드라이브 | 行(い)く 가다 | 昨日(きのう) 어제 | 夜(よる) 밤 | 窓(まど) 창문 | 寝(ね)る 자다 | コーヒー 커피 | さとう 설탕 | 飲(の)む 마시다 | デパート 백화점 | ショッピング 쇼핑 | 帰(かえ)る 돌아가다, 돌아오다 | 朝(あさ) 아침 | 起(お)きる 일어나다 | ジョギング 조깅 | シャワー 샤워 | 浴(あ)びる (샤워를) 하다, 물을 흠뻑 맞다 | 友(とも)だち 친구 | 一緒(いっしょ)に 함께 | ゲーム 게임 | 日本(にほん) 일본 | 日本人(にほんじん) 일본인 | できる 생기다

주요 동사의 て형 활용 살펴보기

	기본형	~て ~(하)고/~(해)서
2그룹	見(み)る 보다	見(み)て 보고/봐서
	いる 있다	いて 있고/있어서
	着(き)る 입다	着(き)て 입고/입어서
	起(お)きる 일어나다	起(お)きて 일어나고/일어나서
	降(お)りる 내리다	降(お)りて 내리고/내려서
	借(か)りる 빌리다	借(か)りて 빌리고/빌려서
	おちる 떨어지다	おちて 떨어지고/떨어져서
	信(しん)じる 믿다	信(しん)じて 믿고/믿어서
	食(た)べる 먹다	食(た)べて 먹고/먹어서
	寝(ね)る 자다	寝(ね)て 자고/자서
	出(で)る 나가다, 나오다	出(で)て 나가고/나가서, 나오고/나와서
	教(おし)える 가르치다	教(おし)えて 가르치고/가르쳐서
	忘(わす)れる 잊다	忘(わす)れて 잊고/잊어서
	覚(おぼ)える 외우다	覚(おぼ)えて 외우고/외워서

	기본형	~て ~(하)고/~(해)서
2그룹	開(あ)ける 열다	開(あ)けて 열고/열어서
	入(い)れる 넣다	入(い)れて 넣고/넣어서
	考(かんが)える 생각하다	考(かんが)えて 생각하고/생각해서
	やめる 그만두다	やめて 그만두고/그만둬서
	おくれる 늦다	おくれて 늦고/늦어서
	集(あつ)める 모으다	集(あつ)めて 모으고/모아서
	生(う)まれる 태어나다	生(う)まれて 태어나고/태어나서
	決(き)める 정하다	決(き)めて 정하고/정해서
	始(はじ)める 시작하다	始(はじ)めて 시작하고/시작해서
	増(ふ)える 증가하다	増(ふ)えて 증가하고/증가해서
	つける 켜다	つけて 켜고/켜서
	乗(の)り換(か)える 갈아타다	乗(の)り換(か)えて 갈아타고/갈아타서
3그룹	する 하다	して 하고/해서
	来(く)る 오다	来(き)て 오고/와서

다음 제시된 동사에 て를 붙여 활용한 후 우리말 뜻을 써 보세요.

	기본형	~て ~(하)고/~(해)서
2그룹	見(み)る 보다	
	着(き)る 입다	
	起(お)きる 일어나다	
	降(お)りる 내리다	
	信(しん)じる 믿다	
	食(た)べる 먹다	
	寝(ね)る 자다	
	出(で)る 나가다, 나오다	
	教(おし)える 가르치다	
	忘(わす)れる 잊다	
	覚(おぼ)える 외우다	
	おくれる 늦다	
	集(あつ)める 모으다	
	決(き)める 정하다	
3그룹	する 하다	
	来(く)る 오다	

STEP 2 제시된 동사를 활용하여 문장을 완성해 보세요.

1 バスを [　　　　] はしりました。 (降りる 내리다)

버스를 내려서 달렸습니다.

2 ダイエット [　　　　] やせました。 (する 하다)

다이어트해서 살이 빠졌습니다.

3 氷を [　　　　] 飲む。 (入れる 넣다)

얼음을 넣어서 마신다.

4 ふたを [　　　　] おゆを入れる。 (開ける 열다)

뚜껑을 열고 뜨거운 물을 넣는다.

5 エアコンを [　　　　] 寝る。 (つける 켜다)

에어컨을 켜고 잔다.

6 小説を [　　　　] よみました。 (借りる 빌리다)

소설을 빌려서 읽었습니다.

새단어 バス 버스 | はしる (예외 1그룹) 달리다 | ダイエット 다이어트 | やせる 살이 빠지다 | 氷 얼음 | 飲む 마시다 | ふた 뚜껑 | おゆ 뜨거운 물 | エアコン 에어컨 | 寝る 자다 | 小説 소설 | よむ 읽다

다음 조리 방법에서 틀린 부분 세 곳을 올바르게 고쳐보세요.

カップめんの作(つく)り方(かた)

컵라면 만드는 방법

1. ふたを①あけって、スープをいれます。
뚜껑을 열고, 스프를 넣습니다.

2. おゆを②いれいて、
뜨거운 물을 넣어서,

3. ふたを③しって3分(さんぷん)待(ま)ちます。
뚜껑을 덮고 3분 기다립니다.

올바르게 수정하기

① ....

② ....

③ ....

새단어 カップめん 컵라면 | 作(つく)り方(かた) 만드는 방법 | ふた 뚜껑 | あける 열다 | スープ 스프 | いれる 넣다 | おゆ 뜨거운 물 | する (뚜껑을) 덮다, 하다

STEP 4 다음 한국어 문장을 일본어로 작성해 보세요. 08-1

1 ______________________________。

버스를 내려서 회사까지 달렸습니다.

2 ______________________________。

다이어트해서 10킬로 살이 빠졌습니다.

3 ______________________________。

항상 콜라에 얼음을 넣어서 마신다.

4 ______________________________。

먼저 컵라면 뚜껑을 열고 뜨거운 물을 넣는다.

5 ______________________________。

더워서 에어컨을 켜고 잔다.

6 ______________________________。

선배에게 소설을 빌려서 읽었습니다.

새단어 会社(かいしゃ) 회사 | ～まで ~까지 | キロ 킬로(그램) | いつも 항상 | コーラ 콜라 | まず 먼저 | 暑(あつ)い 덥다 | ～くて ~(해)서 | せんぱい 선배 | ～に ~에게

09 과거형을 만들 때 쓰는 た형(1그룹)

① た형이란

동사 뒤에 た를 붙이면 '~(했)다'라는 의미가 되며, 동사의 각 그룹에 따라 た를 붙이는 방법이 달라집니다. 어미의 활용법은 て형과 완전히 같으며 て대신에 た를 붙이면 됩니다.

② 1그룹 동사의 た형 활용 방법

① 어미가 う・つ・る로 끝나는 경우는 어미를 삭제한 후 った를 붙이면 됩니다.

~~う~~	洗(あら)~~う~~ 씻다	洗(あら)った 씻었다
~~つ~~ + った	勝(か)~~つ~~ 이기다	勝(か)った 이겼다
~~る~~	登(のぼ)~~る~~ 오르다	登(のぼ)った 올랐다

☆ 食事(しょくじ)の前(まえ)にしっかり手(て)を洗(あら)った。 식사 전에 제대로 손을 씻었다.

☆ ライバルとの試合(しあい)に勝(か)った。 라이벌과의 시합에 이겼다.

☆ 生(う)まれて初(はじ)めて富士山(ふじさん)に登(のぼ)った。 태어나서 처음으로 후지산에 올랐다.

② 어미가 ぬ・む・ぶ로 끝나는 경우는 어미를 삭제한 후 んだ를 붙이면 됩니다.

~~ぬ~~	死(し)~~ぬ~~ 죽다	死(し)んだ 죽었다
~~む~~ + んだ	ぬす~~む~~ 훔치다	ぬすんだ 훔쳤다
~~ぶ~~	ころ~~ぶ~~ 넘어지다	ころんだ 넘어졌다

☆ 知(し)り合(あ)いが病気(びょうき)で死(し)んだ。 아는 사람이 병으로 죽었다.

☆ 母(はは)の財布(さいふ)から現金(げんきん)１万円(まんえん)をぬすんだ。 엄마의 지갑에서 현금 1만엔을 훔쳤다.

☆ 足(あし)がすべってころんだ。 발이 미끄러져서 넘어졌다.

③ 어미가 く・ぐ로 끝나는 경우는 어미를 삭제한 후 각각 いた와 いだ를 붙이면 됩니다.

~~く~~	いた	~~やく~~ 굽다	➡	やいた 구웠다
~~ぐ~~	いだ	~~泳(およ)ぐ~~ 수영하다	➡	泳(およ)いだ 수영했다

☆ フライパンで魚(さかな)をやいた。 프라이팬으로 생선을 구웠다.

☆ プールで１時間(じかん)くらい泳(およ)いだ。 수영장에서 1시간 정도 수영했다.

※ 예외동사: 行(い)く는 예외로 行(い)った가 됩니다.

~~行(い)く~~ 가다	➡	行(い)った 갔다

☆ 初(はつ)デートで映画館(えいがかん)に行(い)った。 첫 데이트로 영화관에 갔다.

④ 어미가 す로 끝나는 경우는 어미를 삭제한 후 した를 붙이면 됩니다.

~~す~~	した	~~のこす~~ 남기다	➡	のこした 남겼다

☆ 留守番電話(るすばんでんわ)にメッセージをのこした。 자동 응답기에 메시지를 남겼다.

새단어 食事(しょくじ) 식사 | 前(まえ) 전 | しっかり 제대로 | 手(て) 손 | ライバル 라이벌 | 試合(しあい) 시합 | 生(う)まれる 태어나다 | 初(はじ)めて 처음으로 | 富士山(ふじさん) 후지산 | 知(し)り合(あ)い 아는 사람 | 病気(びょうき) 병 | 母(はは) 엄마 | 財布(さいふ) 지갑 | 現金(げんきん) 현금 | 1万円(まんえん) 만엔 | 足(あし) 발 | すべる (예외 1그룹) 미끄러지다 | フライパン 프라이팬 | 魚(さかな) 생선 | プール 수영장 | 1時間(じかん) 1시간 | ～くらい ~정도 | 初(はつ) 첫 | デート 데이트 | 映画館(えいがかん) 영화관 | 留守番電話(るすばんでんわ) 자동 응답기 | メッセージ 메시지

주요 동사의 た형 활용 살펴보기

	기본형	~た ~(했)다
	う、つ、る로 끝나는 동사	
1그룹	会(あ)う 만나다	会(あ)った 만났다
	買(か)う 사다	買(か)った 샀다
	待(ま)つ 기다리다	待(ま)った 기다렸다
	持(も)つ 들다, 가지다	持(も)った 들었다, 가졌다
	座(すわ)る 앉다	座(すわ)った 앉았다
	乗(の)る 타다	乗(の)った 탔다
	終(お)わる 끝나다	終(お)わった 끝났다
	帰(かえ)る 돌아가다, 돌아오다	帰(かえ)った 돌아갔다, 돌아왔다
	ぬ、む、ぶ로 끝나는 동사	
	死(し)ぬ 죽다	死(し)んだ 죽었다
	飲(の)む 마시다	飲(の)んだ 마셨다
	読(よ)む 읽다	読(よ)んだ 읽었다
	遊(あそ)ぶ 놀다	遊(あそ)んだ 놀았다
	呼(よ)ぶ 부르다	呼(よ)んだ 불렀다

	기본형	~た ~(했)다
	く、ぐ로 끝나는 동사	
1그룹	書(か)く 쓰다	書(か)いた 썼다
	聞(き)く 듣다, 묻다	聞(き)いた 들었다, 물었다
	泳(およ)ぐ 수영하다	泳(およ)いだ 수영했다
	急(いそ)ぐ 서두르다	急(いそ)いだ 서둘렀다
	예외 行(い)く 가다	行(い)った 갔다
	す로 끝나는 동사	
	出(だ)す 내다, 제출하다	出(だ)した 냈다, 제출했다
	話(はな)す 이야기하다	話(はな)した 이야기했다

 다음 제시된 동사를 た형으로 활용한 후 우리말 뜻을 써 보세요.

	기본형	~た ~(했)다
1그룹	会(あ)う 만나다	
	買(か)う 사다	
	待(ま)つ 기다리다	
	持(も)つ 들다, 가지다	
	帰(かえ)る 돌아가다, 돌아오다	
	乗(の)る 타다	
	終(お)わる 끝나다	
	死(し)ぬ 죽다	
	飲(の)む 마시다	
	読(よ)む 읽다	
	遊(あそ)ぶ 놀다	
	呼(よ)ぶ 부르다	
	行(い)く 가다	
	書(か)く 쓰다	
	聞(き)く 듣다, 묻다	
	泳(およ)ぐ 수영하다	
	急(いそ)ぐ 서두르다	
	出(だ)す 내다, 제출하다	
	話(はな)す 이야기하다	

STEP 2 제시된 동사를 활용하여 문장을 완성해 보세요.

1 じこで [　　　　　　　　]。 (死(し)ぬ 죽다)

사고로 죽었다.

2 ダイヤを [　　　　　　　　]。 (ぬすむ 훔치다)

다이아(몬드)를 훔쳤다.

3 かおを [　　　　　　　　]。 (洗(あら)う 씻다)

얼굴을 씻었다(세수를 했다).

4 少(すこ)し 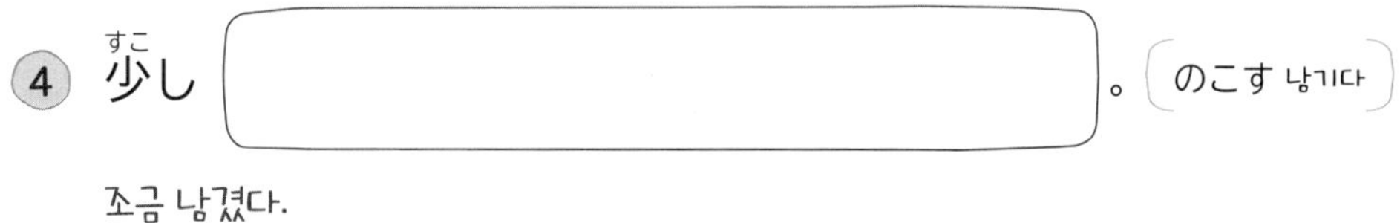 。 (のこす 남기다)

조금 남겼다.

5 海(うみ)で  。 (泳(およ)ぐ 수영하다)

바다에서 수영했다.

6 日本(にほん)が  。 (かつ 이기다)

일본이 이겼다.

새단어 じこ 사고 | ダイヤ 다이아(몬드) | かお 얼굴 | 少(すこ)し 조금 | 海(うみ) 바다 | 日本(にほん) 일본

 다음 SNS 글에서 틀린 부분 세 곳을 올바르게 고쳐보세요.

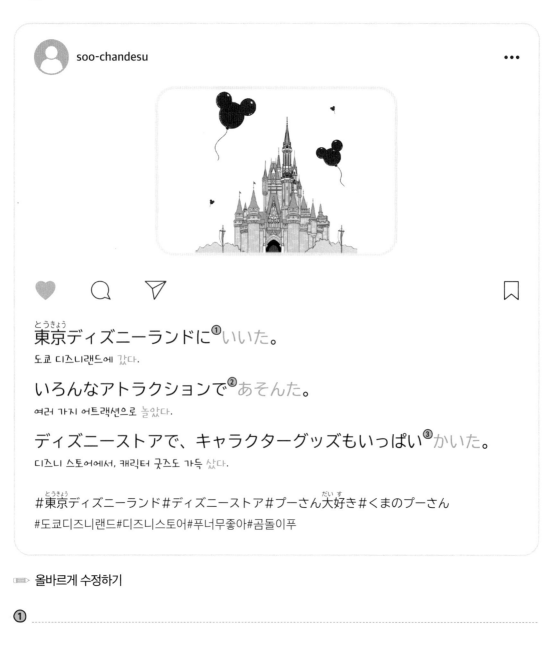

soo-chandesu

東京(とうきょう)ディズニーランドに①いいた。
도쿄 디즈니랜드에 갔다.

いろんなアトラクションで②あそんた。
여러 가지 어트랙션으로 놀았다.

ディズニーストアで、キャラクターグッズもいっぱい③かいた。
디즈니 스토어에서, 캐릭터 굿즈도 가득 샀다.

#東京(とうきょう)ディズニーランド#ディズニーストア#プーさん大好(だいす)き#くまのプーさん
#도쿄디즈니랜드#디즈니스토어#푸너무좋아#곰돌이푸

올바르게 수정하기

①

②

③

새단어 東京(とうきょう)ディズニーランド 도쿄 디즈니랜드 | いく 가다 | いろんな 여러 가지 | アトラクション 어트랙션(놀이기구) | あそぶ 놀다 | ディズニーストア 디즈니 스토어 | キャラクター 캐릭터 | グッズ 굿즈 | いっぱい 가득 | かう 사다

STEP 4 다음 한국어 문장을 일본어로 작성해 보세요. 09-1

1 ______________________________。

친구가 사고로 죽었다.

2 ______________________________。

도둑이 다이아(몬드)를 훔쳤다.

3 ______________________________。

찬물로 얼굴을 씻었다(세수를 했다).

4 ______________________________。

밥을 조금 남겼다.

5 ______________________________。

오늘 처음으로 바다에서 수영했다.

6 ______________________________。

일본이 2 대 1로 이겼다.

새단어 友(とも)だち 친구 | どろぼう 도둑 | 冷水(れいすい) 찬물 | ごはん 밥 | 今日(きょう) 오늘 | はじめて 처음으로 | 2対1(にたいいち) 2 대 1 | ～で ~로

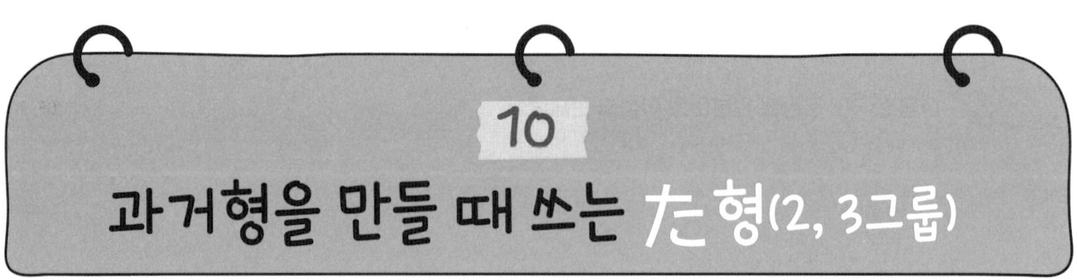

10 과거형을 만들 때 쓰는 た형(2, 3그룹)

① 2그룹 동사의 た형 활용 방법

어미 る를 삭제한 후 た를 붙이면 됩니다.

~~る~~ → た	おち~~る~~ 떨어지다	おちた 떨어졌다
	信(しん)じ~~る~~ 믿다	信(しん)じた 믿었다
	忘(わす)れ~~る~~ 잊다	忘(わす)れた 잊었다
	閉(し)め~~る~~ 닫다	閉(し)めた 닫았다

☆ テーブルからコップがおちた。 테이블에서 컵이 떨어졌다.

☆ 私(わたし)は自分(じぶん)の可能性(かのうせい)を信(しん)じた。 나는 자신의 가능성을 믿었다.

☆ パスワードを忘(わす)れた。 패스워드를 잊었다.

☆ カーテンを閉(し)めた。 커튼을 닫았다(쳤다).

② 3그룹 동사의 た형 활용 방법

불규칙동사이므로 정해진 형태를 그대로 외웁니다.

する 하다	→ した	했다
来(く)る 오다	→ 来(き)た	왔다

☆ クラスのみんなの前(まえ)で発表(はっぴょう)した。

클래스의 모두 앞에서 발표했다.

☆ 彼女(かのじょ)と一緒(いっしょ)にドライブした。

여자친구와 함께 드라이브했다.

☆ 羽田空港行(はねだくうこうゆ)きのリムジンバスが来(き)た。

하네다 공항행 리무진버스가 왔다.

☆ 今日(きょう)は電車(でんしゃ)で来(き)た。

오늘은 전철로 왔다.

새단어 テーブル 테이블 | ～から ~에서, ~부터 | コップ 컵 | 私(わたし) 나 | 自分(じぶん) 자신 | 可能性(かのうせい) 가능성 | カーテン 커튼 | パスワード 패스워드 | クラス 클래스 | みんな 모두 | 前(まえ) 앞 | 発表(はっぴょう) 발표 | 彼女(かのじょ) 여자친구, 그녀 | 一緒(いっしょ)に 함께, 같이 | ドライブ 드라이브 | 空港(くうこう) 공항 | ～行(ゆ)き ~행 | リムジンバス 리무진버스 | 電車(でんしゃ) 전철

주요 동사의 た형 활용 살펴보기

	기본형	~た ~(했)다
2그룹	見(み)る 보다	見(み)た 봤다
	いる 있다	いた 있었다
	着(き)る 입다	着(き)た 입었다
	起(お)きる 일어나다	起(お)きた 일어났다
	降(お)りる 내리다	降(お)りた 내렸다
	借(か)りる 빌리다	借(か)りた 빌렸다
	おちる 떨어지다	おちた 떨어졌다
	信(しん)じる 믿다	信(しん)じた 믿었다
	食(た)べる 먹다	食(た)べた 먹었다
	寝(ね)る 자다	寝(ね)た 잤다
	出(で)る 나가다, 나오다	出(で)た 나갔다, 나왔다
	教(おし)える 가르치다	教(おし)えた 가르쳤다
	忘(わす)れる 잊다	忘(わす)れた 잊었다
	覚(おぼ)える 외우다	覚(おぼ)えた 외웠다

	기본형	~た ~(했)다
2그룹	開(あ)ける 열다	開(あ)けた 열었다
	入(い)れる 넣다	入(い)れた 넣었다
	考(かんが)える 생각하다	考(かんが)えた 생각했다
	やめる 그만두다	やめた 그만두었다
	おくれる 늦다	おくれた 늦었다
	集(あつ)める 모으다	集(あつ)めた 모았다
	生(う)まれる 태어나다	生(う)まれた 태어났다
	決(き)める 정하다	決(き)めた 정했다
	始(はじ)める 시작하다	始(はじ)めた 시작했다
	増(ふ)える 증가하다	増(ふ)えた 증가했다
	つける 켜다	つけた 켰다
	乗(の)り換(か)える 갈아타다	乗(の)り換(か)えた 갈아탔다
3그룹	する 하다	した 했다
	来(く)る 오다	来(き)た 왔다

다음 제시된 동사에 た를 붙여 활용한 후 우리말 뜻을 써 보세요.

	기본형	~た ~(했)다
2그룹	見(み)る 보다	
	着(き)る 입다	
	起(お)きる 일어나다	
	降(お)りる 내리다	
	借(か)りる 빌리다	
	食(た)べる 먹다	
	寝(ね)る 자다	
	出(で)る 나가다, 나오다	
	教(おし)える 가르치다	
	忘(わす)れる 잊다	
	覚(おぼ)える 외우다	
	生(う)まれる 태어나다	
	始(はじ)める 시작하다	
3그룹	する 하다	
	来(く)る 오다	

STEP 2 제시된 동사를 활용하여 문장을 완성해 보세요.

1 しゅくだいを ＿＿＿＿＿＿。 (忘(わす)れる 잊다)

숙제를 잊었다.

2 さんぽに ＿＿＿＿＿＿。 (出(で)かける 나가다, 외출하다)

산책하러 나갔다.

3 うそを ＿＿＿＿＿＿。 (信(しん)じる 믿다)

거짓말을 믿었다.

4 コピー ＿＿＿＿＿＿。 (する 하다)

복사했다.

5 仕事(しごと)を ＿＿＿＿＿＿。 (見(み)つける 찾다, 발견하다)

일을 찾았다.

6 シャワーを ＿＿＿＿＿＿。 (浴(あ)びる (샤워를) 하다, 물을 흠뻑 맞다)

샤워를 했다.

새단어 しゅくだい 숙제 | さんぽ 산책 | ~に ~하러 | うそ 거짓말 | コピー 복사 | 仕事(しごと) 일 | シャワー 샤워

다음 리스트 글에서 틀린 부분 세 곳을 올바르게 고쳐보세요.

やったことリスト

한 일 리스트

5月 20日(ごがつ はつか)

1. 英単語(えいたんご)を10個(じっこ)①おぼえんだ。
   영어 단어를 10개 외웠다.

2. 運転(うんてん)の練習(れんしゅう)を②しいた。
   운전 연습을 했다.

3. 日本(にほん)のドラマを③みった。
   일본 드라마를 봤다.

올바르게 수정하기

① ....

② ....

③ ....

새단어 英単語(えいたんご) 영어 단어 | ~個(こ) ~개 | おぼえる 외우다 | 運転(うんてん) 운전 | 練習(れんしゅう) 연습 | する 하다 | 日本(にほん) 일본 | ドラマ 드라마 | みる 보다

STEP 4 다음 한국어 문장을 일본어로 작성해 보세요. 10-1

1 ______________________________。

숙제를 가져오는 것을 잊었다.

2 ______________________________。

어머니와 산책하러 나갔다.

3 ______________________________。

아버지는 형의 거짓말을 믿었다.

4 ______________________________。

자료를 복사했다.

5 ______________________________。

새로운 일을 찾았다.

6 ______________________________。

가볍게 샤워를 했다.

새단어 持(も)ってくる 가져오다 | 기본형+の ~(하)는 것 | 母(はは) 어머니 | 父(ちち) 아버지 | 兄(あに) 형, 오빠 | うそ 거짓말 | しりょう 자료 | 新(あたら)しい 새롭다 | 軽(かる)く 가볍게

11
동사의 명사화(동사로 명사 만들기) ①

① 동사의 명사화란

'~함', '~(하)는 것'과 같이 동사를 명사로 만드는 것을 의미합니다. 모든 동사를 명사로 만들 수 있는 것은 아니기 때문에, 활용 가능한 대표적인 동사들을 기억해 두는 것이 좋습니다.

② 동사의 명사화 활용 방법 ①

① 1그룹 동사

어미 う단(う・く・ぐ・す・つ・ぬ・ぶ・む・る)을 い단(い・き・ぎ・し・ち・に・び・み・り)으로 바꾸면 동사가 명사로 바뀝니다.

遊(あそ)ぶ 놀다	遊(あそ)び 놀이
かつ 승리하다	かち 승리

* 예외 1그룹 동사도 1그룹 동사이므로 활용 방법이 동일합니다.

帰(かえ)る 돌아가다	帰(かえ)り 돌아감, 귀가, 귀갓길
走(はし)る 달리다	走(はし)り 달리기

☆ 今日(きょう)は暑(あつ)かったので水遊(みずあそ)びをした。
오늘은 더웠기 때문에 물놀이를 했다.

☆ 今日(きょう)は、私(わたし)のかちです。
오늘은, 나의 승리입니다.

☆ 帰(かえ)りにコンビニに寄(よ)りました。
귀갓길에 편의점에 들렀습니다.

☆ 妹(いもうと)は走(はし)りがはやいです。
여동생은 달리기가 빠릅니다.

② 2그룹 동사

마지막 글자 る를 삭제하면 동사가 명사로 바뀝니다.

考(かんが)え~~る~~ 생각하다	➡	考(かんが)え 생각
助(たす)け~~る~~ 돕다	➡	助(たす)け 도움

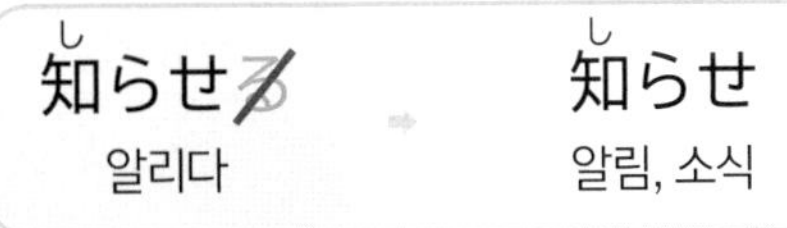

はれ~~る~~ 개다, 맑다	➡	はれ 갬, 맑음

☆ 私(わたし)にいい考(かんが)えがあります。 저에게 좋은 생각이 있습니다.

☆ 大声(おおごえ)で助(たす)けを求(もと)めた。 큰 소리로 도움을 구했다.

☆ うれしい知(し)らせがありました。 기쁜 소식이 있었습니다.

☆ 今日(きょう)ははれ、時々(ときどき)くもりです。 오늘은 맑음, 가끔 흐림입니다.

③ 3그룹 동사

3그룹 동사(する、来(く)る)는 일반적으로 명사화하지 않습니다. 다만, 来(く)る(오다)의 경우 行(い)く(가다)뒤에 붙여, 行(い)き来(き)(왕래)와 같이 명사로 활용할 수 있습니다.

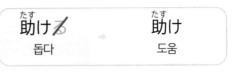

새단어 今日(きょう) 오늘 | 暑(あつ)い 덥다 | ~ので ~때문에, ~므로 | 水(みず) 물 | する 하다 | 私(わたし) 나, 저 | コンビニ 편의점 | 寄(よ)る 들르다 | 妹(いもうと) 여동생 | はやい 빠르다 | いい 좋다 | ある 있다 | 大声(おおごえ) 큰 소리 | 求(もと)める 구하다, 요청하다 | うれしい 기쁘다 | 時々(ときどき) 가끔 | くもり 흐림

주요 동사의 명사화 살펴보기

	기본형	명사화
1그룹	匂(にお)う 냄새가 나다	匂(にお)い 냄새
	願(ねが)う 원하다	願(ねが)い 소원
	迷(まよ)う 망설이다	迷(まよ)い 망설임
	笑(わら)う 웃다	笑(わら)い 웃음
	泳(およ)ぐ 수영하다	泳(およ)ぎ 수영
	勝(か)つ 이기다	勝(か)ち 승리
	遊(あそ)ぶ 놀다	遊(あそ)び 놀이
	喜(よろこ)ぶ 기뻐하다	喜(よろこ)び 기쁨
	痛(いた)む 아프다	痛(いた)み 통증
	苦(くる)しむ 괴로워하다	苦(くる)しみ 괴로움
	悩(なや)む 고민하다	悩(なや)み 고민
	休(やす)む 쉬다, 휴식하다	休(やす)み 쉼, 휴식, 휴일
	集(あつ)まる 모이다	集(あつ)まり 모임
	祈(いの)る 기도하다	祈(いの)り 기도
	踊(おど)る 춤추다	踊(おど)り 춤
	曇(くも)る 흐리다	曇(くも)り 흐림
	眠(ねむ)る 잠들다	眠(ねむ)り 잠
	残(のこ)る남다	残(のこ)り 나머지

	기본형	명사화
예외 1그룹	帰(かえ)る 돌아가다	帰(かえ)り 돌아감, 귀가, 귀갓길
	走(はし)る 달리다	走(はし)り 달리기
2그룹	疲(つか)れる 피로하다	疲(つか)れ 피로
	まとめる 정리하다	まとめ 정리
	負(ま)ける 지다	負(ま)け 패배
	考(かんが)える 생각하다	考(かんが)え 생각
	外(はず)れる 빗나가다	外(はず)れ 빗나감
	晴(は)れる 개다, 맑다	晴(は)れ 갬, 맑음
	流(なが)れる 흐르다	流(なが)れ 흐름
	答(こた)える 답하다	答(こた)え 답
	始(はじ)める 시작하다	始(はじ)め 시작
	助(たす)ける 돕다	助(たす)け 도움
	知(し)らせる 알리다	知(し)らせ 알림, 소식
	いじめる 괴롭히다	いじめ 괴롭힘

다음 제시된 동사를 명사로 바꾼 후 우리말 뜻을 써보세요.

	기본형	명사화
1그룹	匂う(におう) 냄새가 나다	
	迷う(まよう) 망설이다	
	泳ぐ(およぐ) 수영하다	
	遊ぶ(あそぶ) 놀다	
	喜ぶ(よろこぶ) 기뻐하다	
	痛む(いたむ) 아프다	
	悩む(なやむ) 고민하다	
	休む(やすむ) 쉬다	
	踊る(おどる) 춤추다	
	残る(のこる)남다	
	集まる(あつまる) 모이다	
2그룹	疲れる(つかれる) 피로하다	
	負ける(まける) 지다	
	助ける(たすける) 돕다	
	いじめる 괴롭히다	
	考える(かんがえる) 생각하다	

제시된 동사를 활용하여 문장을 완성해 보세요.

1 [   ]があさい。 (考(かんが)える 생각하다)

생각이 얕다.

2 いちばん多(おお)い人(ひと)が [   ]です。 (かつ 승리하다, 이기다)

가장 많은 사람이 승리입니다.

3 [   ]が必要(ひつよう)です。 (たすける 돕다)

도움이 필요합니다.

4 [   ]がわからない。 (答(こた)える 답하다)

답을 모르겠다.

5 今日(きょう)は [   ]です。 (はれる 맑다)

오늘은 맑음입니다.

6 [   ]が1日(いちにち)しかない。 (休(やす)む 휴식하다, 쉬다)

휴일이 하루밖에 없다.

새단어 あさい 얕다 | いちばん 가장 | 多(おお)い 많다 | 人(ひと) 사람 | 必要(ひつよう)だ 필요하다 | ~がわかる ~을(를) 알다 | ~がわからない ~을(를) 모르다 | 今日(きょう) 오늘 | 1日(いちにち) 하루 | ~しか ~밖에 | ない 없다

STEP 3 다음 수수께끼에서 틀린 부분 세 곳을 올바르게 고쳐보세요.

なぞなぞ①あそべ

수수께끼 놀이

太陽をかくす森はなんだ？

태양을 가리는 숲은 무엇일까?

②こたい: ③くもろ

답: 흐림

「くもり」には、「もり」という文字が入る!

「くもり(흐림)」에는, 「もり(숲)」라는 글자가 들어간다!

だから、「くもり」が正解だよ。

그래서, 「くもり(흐림)」가 정답이야.

올바르게 수정하기

①

②

③

새단어 なぞなぞ 수수께끼 | あそぶ 놀다 | 太陽 태양 | かくす 가리다, 감추다 | 森 숲 | なん 무엇 | こたえる 답하다 | くもる 흐리다 | ～という ~라는 | 文字 글자, 문자 | 入る 들어가다 | だから 그래서, 그러니까 | 正解 정답

STEP 4 다음 한국어 문장을 일본어로 작성해 보세요. 11-1

1 ________________。

형은 생각이 얕다.

2 ________________。

마지막에 카드가 가장 많은 사람이 승리입니다.

3 ________________。

모두의 도움이 필요합니다.

4 ________________。

질문의 답을 모르겠다.

5 ________________。

오늘의 날씨는 맑음입니다.

6 ________________。

이번 달은 휴일이 하루밖에 없다.

새단어 兄(あに) 형, 오빠 | 最後(さいご) 마지막, 최후 | カード 카드 | みんな 모두 | しつもん 질문 | 天気(てんき) 날씨 | 今月(こんげつ) 이번 달

12

동사의 명사화(동사로 명사 만들기) ②

① 동사의 명사화 활용 방법 ②

동사 기본형과 동사 た형 뒤에 こと를 붙이면 동사가 명사로 바뀝니다.
「기본형+こと」는 '~(하)는 것', 「た형+こと」는 '~(한) 것, ~(했)던 것'이라는 의미가 됩니다.
*기본형: 동사의 형태를 변형시키지 않은 동사 원형(예. 行(い)く、食(た)べる、する)

① 1그룹 동사

聞(き)く 듣다, 묻다	기본형	聞(き)く	+ こと →	聞(き)くこと	듣는 것, 묻는 것
	た형	聞(き)いた	+ こと →	聞(き)いたこと	들은 것, 물은 것

なおす 고치다	기본형	なおす	+ こと →	なおすこと	고치는 것
	た형	なおした	+ こと →	なおしたこと	고친 것

* 예외 1그룹 동사도 1그룹 동사이므로 활용 방법이 동일합니다.

走(はし)る 달리다	기본형	走(はし)る	+ こと →	走(はし)ること	달리는 것
	た형	走(はし)った	+ こと →	走(はし)ったこと	달린 것

☆ 私(わたし)のしゅみは音楽(おんがく)を聞(き)くことです。
저의 취미는 음악을 듣는 것입니다.

☆ 医者(いしゃ)の仕事(しごと)は病気(びょうき)をなおすことです。
의사의 일은 병을 고치는 것입니다.

☆ 学生時代(がくせいじだい)は走(はし)ることが大嫌(だいきら)いでした。
학생 시절은 달리는 것을 매우 싫어했습니다.

② 2그룹 동사

見る(み) 보다	기본형	見る	+ こと →	見ること	보는 것
	た형	見た		見たこと	본 것

決める(き) 결정하다	기본형	決める	+ こと →	決めること	결정하는 것
	た형	決めた		決めたこと	결정한 것

☆ 前(まえ)にテレビで見(み)たことを思(おも)い出(だ)した。
전에 텔레비전에서 본 것을 떠올렸다.

☆ 自分(じぶん)で決(き)めたことは最後(さいご)までやります。
스스로 결정한 것은 끝까지 합니다.

③ 3그룹 동사

する 하다	기본형	する	+ こと →	すること	하는 것
	た형	した		したこと	한 것

来る(く) 오다	기본형	来る(く)	+ こと →	来ること(く)	오는 것
	た형	来た(き)		来たこと(き)	온 것

☆ 料理(りょうり)をすることは楽(たの)しいです。 요리를 하는 것은 즐겁습니다.

☆ 家(いえ)に他(ほか)の人(ひと)が来(く)ることはいやだ。 집에 다른 사람이 오는 것은 싫다.

새단어 しゅみ 취미 | 音楽(おんがく) 음악 | 医者(いしゃ) 의사 | 仕事(しごと) 일 | 病気(びょうき) 병 | 治(なお)す 고치다 | 学生(がくせい) 학생 | 時代(じだい) 시절, 시대 | 大嫌(だいきら)いだ 매우 싫어하다 | 前(まえ) 전 | テレビ 텔레비전 | 思(おも)い出(だ)す 떠올리다, 생각해내다 | 自分(じぶん)で 스스로 | 最後(さいご) 끝, 마지막 | ~まで ~까지 | やる 하다 | 料理(りょうり) 요리 | 楽(たの)しい 즐겁다 | 家(いえ) 집 | 他(ほか)の人(ひと) 다른 사람 | いやだ 싫다

주요 동사의 명사화 살펴보기

	기본형	기본형 + こと ~(하)는 것	た형 + こと ~(한) 것
1그룹	会(あ)う 만나다	会(あ)うこと 만나는 것	会(あ)ったこと 만난 것
	買(か)う 사다	買(か)うこと 사는 것	買(か)ったこと 산 것
	行(い)く 가다	行(い)くこと 가는 것	行(い)ったこと 간 것
	聞(き)く 듣다, 묻다	聞(き)くこと 듣는 것, 묻는 것	聞(き)いたこと 들은 것, 물은 것
	泳(およ)ぐ 수영하다	泳(およ)ぐこと 수영하는 것	泳(およ)しいだこと 수영한 것
	出(だ)す 내다, 제출하다	出(だ)すこと 내는 것, 제출하는 것	出(だ)たこと 낸 것, 제출한 것
	話(はな)す 이야기하다	話(はな)すこと 이야기하는 것	話(はな)したこと 이야기한 것
	待(ま)つ 기다리다	待(ま)つこと 기다리는 것	待(ま)ったこと 기다린 것
	持(も)つ 들다, 가지다	持(も)つこと 드는 것, 가지는 것	持(も)ったこと 든 것, 가진 것
	死(し)ぬ 죽다	死(し)ぬこと 죽는 것	死(し)んだこと 죽은 것
	遊(あそ)ぶ 놀다	遊(あそ)ぶこと 노는 것	遊(あそ)んだこと 논 것
	呼(よ)ぶ 부르다	呼(よ)ぶこと 부르는 것	呼(よ)んだこと 부른 것
	飲(の)む 마시다	飲(の)むこと 마시는 것	飲(の)んだこと 마신 것
	読(よ)む 읽다	読(よ)むこと 읽는 것	読(よ)んだこと 읽은 것
	乗(の)る 타다	乗(の)ること 타는 것	乗(の)ったこと 탄 것

	기본형	기본형 + こと ~(하)는 것	た형 + こと ~(한) 것
예외 1그룹	帰(かえ)る 돌아가다, 돌아오다	帰(かえ)ること 돌아가는 것, 돌아오는 것	帰(かえ)ったこと 돌아간 것, 돌아온 것
	切(き)る 자르다	切(き)ること 자르는 것	切(き)ったこと 자른 것
	入(はい)る 들어가다, 들어오다	入(はい)ること 들어가는 것, 들어오는 것	入(はい)ったこと 들어간 것, 들어온 것
	走(はし)る 달리다	走(はし)ること 달리는 것	走(はし)ったこと 달린 것
2그룹	見(み)る 보다	見(み)ること 보는 것	見(み)たこと 본 것
	着(き)る 입다	着(き)ること 입는 것	着(き)たこと 입은 것
	起(お)きる 일어나다	起(お)きること 일어나는 것	起(お)きたこと 일어난 것
	降(お)りる 내리다	降(お)りること 내리는 것	降(お)りたこと 내린 것
	食(た)べる 먹다	食(た)べること 먹는 것	食(た)べたこと 먹은 것
	寝(ね)る 자다	寝(ね)ること 자는 것	寝(ね)たこと 잔 것
	出(で)る 나가다, 나오다	出(で)ること 나가는 것, 나오는 것	出(で)たこと 나간 것, 나온 것
	忘(わす)れる 잊다	忘(わす)れること 잊는 것	忘(わす)れたこと 잊은 것
	覚(おぼ)える 외우다	覚(おぼ)えること 외우는 것	覚(おぼ)えたこと 외운 것
3그룹	する 하다	すること 하는 것	したこと 한 것
	来(く)る 오다	来(く)ること 오는 것	来(き)たこと 온 것

다음 제시된 동사를 명사로 바꾼 후 우리말 뜻을 써 보세요.

기본형		기본형 + こと ~(하)는 것	た형 + こと ~(한) 것
1그룹	行(い)く 가다		
	待(ま)つ 기다리다		
	乗(の)る 타다		
	遊(あそ)ぶ 놀다		
	会(あ)う 만나다		
	帰(かえ)る 돌아가다, 돌아오다		
	飲(の)む 마시다		
	話(はな)す 이야기하다		
	泳(およ)ぐ 수영하다		
2그룹	見(み)る 보다		
	食(た)べる 먹다		
	寝(ね)る 자다		
	着(き)る 입다		
	忘(わす)れる 잊다		
3그룹	する 하다		
	来(く)る 오다		

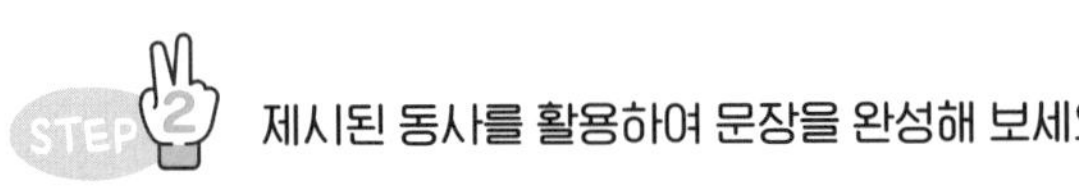

STEP 2
제시된 동사를 활용하여 문장을 완성해 보세요.

1 私(わたし)は [　　　　　　] が苦手(にがて)です。 (決(き)める 결정하다)

나는 결정하는 것이 서투릅니다.

2 ふくしゅうを [　　　　　　] が大切(たいせつ)です。 (する 하다)

복습을 하는 것이 중요합니다.

3 しゅみはアニメーションを [　　　　　　] です。 (見(み)る 보다)

취미는 애니메이션을 보는 것입니다.

4 [　　　　　　] は楽(たの)しいです。 (はしる 달리다)

달리는 것은 즐겁습니다.

5 じてんしゃを [　　　　　　] を忘(わす)れた。 (なおす 고치다)

자전거를 고치는 것을 잊었다.

6 話(はなし)を [　　　　　　] がとくいです。 (聞(き)く 듣다)

이야기를 듣는 것을 잘합니다.

새단어 苦手(にがて)だ 서투르다 | ふくしゅう 복습 | 大切(たいせつ)だ 중요하다 | しゅみ 취미 | アニメーション 애니메이션 | 楽(たの)しい 즐겁다 | じてんしゃ 자전거 | 忘(わす)れる 잊다 | 話(はなし) 이야기 | とくいだ 잘하다

다음 질문 리스트에서 틀린 부분 세 곳을 올바르게 고쳐보세요.

質問(しつもん)リスト

질문 리스트

1. とくいなことは何(なん)ですか。

자신 있는 것은 무엇입니까?

→ 計画(けいかく)を①たてたことです。

계획을 세우는 것입니다.

2. 苦手(にがて)なことは何(なん)ですか。

서투른 것은 무엇입니까?

→ 人前(ひとまえ)で②はなしたことです。

사람들 앞에서 이야기하는 것입니다.

3. 今年一番(ことしいちばん)うれしかったことは何(なん)ですか。

올해 가장 기뻤던 일은 무엇입니까?

→ JLPTに合格(ごうかく)③することです。

JLPT에 합격한 것입니다.

올바르게 수정하기

① ....

② ....

③ ....

새단어 質問(しつもん) 질문 | リスト 리스트, 목록 | とくいだ 자신 있다, 잘하다 | こと 것, 일 | 何(なん) 무엇 | 計画(けいかく) 계획 | たてる 세우다 | 苦手(にがて)だ 서투르다 | 人前(ひとまえ) 사람들 앞, 남의 앞 | はなす 이야기하다 | 今年(ことし) 올해 | 一番(いちばん) 가장 | うれしい 기쁘다 | 合格(ごうかく) 합격 | する 하다

STEP 4 다음 한국어 문장을 일본어로 작성해 보세요. 12-1

1 ______________________________。

나는 무언가를 결정하는 것이 서투릅니다.

2 ______________________________。

매일 복습을 하는 것이 중요합니다.

3 ______________________________。

취미는 일본의 애니메이션을 보는 것입니다.

4 ______________________________。

달리는 것은 매우 즐겁습니다.

5 ______________________________。

자전거 펑크를 고치는 것을 잊었다.

6 ______________________________。

그는 다른 사람의 이야기를 듣는 것을 잘합니다.

새단어 何か(なにか) 무언가 | 毎日(まいにち) 매일 | 日本(にほん) 일본 | とても 매우 | パンク 펑크 | 他の人(ほかのひと) 다른 사람

13

'~(해)야지'라는 의미의 의지형 · '~(하)자'라는 의미의 권유형

① 의지형 · 권유형이란

동사를 의지형으로 만들면 '~(해)야지'라는 의미가 되며, 자신의 의지를 나타낼 때 사용합니다.
동사를 권유형으로 만들면 '~(하)자'라는 의미가 되며, 다른 사람에게 무언가를 권유할 때 사용합니다.
일본어에서는 의지형(~(해)야지)과 권유형(~(하)자)의 형태가 동일하기 때문에 앞뒤 문맥으로 의미를 파악해야 합니다.

② 의지형 · 권유형 활용 방법

① 1그룹 동사

어미 う단(う・く・ぐ・す・つ・ぬ・ぶ・む・る)을 お단(お・こ・ご・そ・と・の・ぼ・も・ろ)으로 바꾼 후 뒤에 う를 붙이면 의지형 · 권유형이 됩니다.

기본형		변형				의지형 · 권유형	의미
歌(うた)う 노래하다	→	歌(うた)お	+	う	=	歌(うた)おう	노래해야지 노래하자
座(すわ)る 앉다	→	座(すわ)ろ	+	う	=	座(すわ)ろう	앉아야지 앉자

* 예외 1그룹 동사도 1그룹 동사이므로 활용 방법이 동일합니다.

기본형		변형				의지형 · 권유형	의미
入(はい)る 들어가다	→	入(はい)ろ	+	う	=	入(はい)ろう	들어가야지 들어가자

☆ 一緒(いっしょ)に歌(うた)おう。 같이 노래해야지/노래하자.

☆ ちょっと椅子(いす)に座(すわ)ろう。 잠깐 의자에 앉아야지/앉자.

☆ 寒(さむ)いから中(なか)に入(はい)ろう。 추우니까 안에 들어가야지/들어가자.

② 2그룹 동사

마지막 글자 る를 삭제한후 뒤에 よう를 붙이면 의지형・권유형이 됩니다.

降(お)りる
내리다
よう
降(お)りよう
내려야지
내리자
始(はじ)める
시작하다
よう
始(はじ)めよう
시작해야지
시작하자

☆ 次(つぎ)の駅(えき)で降(お)りよう。

다음 역에서 내려야지/내리자.

☆ そろそろ旅行(りょこう)のじゅんびを始(はじ)めよう。

슬슬 여행 준비를 시작해야지/시작하자.

③ 3그룹 동사

불규칙동사이므로 정해진 형태를 그대로 외웁니다.

する
하다
しよう
해야지
하자
来(く)る
오다
来(こ)よう
와야지
오자

☆ 来年(らいねん)、結婚(けっこん)しよう。　내년에, 결혼 해야지/하자.

☆ 今度(こんど)また来(こ)よう。　다음에 또 와야지/오자.

새단어 一緒(いっしょ)に 같이 | ちょっと 잠깐 | 椅子(いす) 의자 | 寒(さむ)い 춥다 | ～から ~니까, ~므로 | 中(なか) 안 | 次(つぎ) 다음 | 駅(えき) 역 | そろそろ 슬슬 | 旅行(りょこう) 여행 | じゅんび 준비 | 来年(らいねん) 내년 | 結婚(けっこん) 결혼 | 今度(こんど) 다음 | また 또

주요 동사의 의지형・권유형 살펴보기

	기본형	의지형・권유형 ~(해)야지/~(하)자
1그룹	会(あ)う 만나다	会(あ)おう 만나야지/만나자
	買(か)う 사다	買(か)おう 사야지/사자
	行(い)く 가다	行(い)こう 가야지/가자
	聞(き)く 듣다, 묻다	聞(き)こう 들어야지/듣자, 물어야지/묻자
	泳(およ)ぐ 수영하다	泳(およ)ごう 헤엄쳐야지/헤엄치자
	出(だ)す 내다, 제출하다	出(だ)そう 내야지/내자, 제출해야지/제출하자
	話(はな)す 이야기하다	話(はな)そう 이야기해야지/이야기하자
	待(ま)つ 기다리다	待(ま)とう 기다려야지/기다리자
	持(も)つ 들다, 가지다	持(も)とう 들어야지/들자, 가져야지/가지자
	死(し)ぬ 죽다	死(し)のう 죽어야지/죽자
	遊(あそ)ぶ 놀다	遊(あそ)ぼう 놀아야지/놀자
	呼(よ)ぶ 부르다	呼(よ)ぼう 불러야지/부르자
	飲(の)む 마시다	飲(の)もう 마셔야지/마시자
	読(よ)む 읽다	読(よ)もう 읽어야지/읽자
	乗(の)る 타다	乗(の)ろう 타야지/타자

	기본형	의지형 • 권유형 ~(해)야지/~(하)자
예외 1그룹	帰(かえ)る 돌아가다, 돌아오다	帰(かえ)ろう 돌아가야지/돌아가자, 돌아와야지/돌아오자
	切(き)る 자르다	切(き)ろう 잘라야지/자르자
	入(はい)る 들어가다, 들어오다	入(はい)ろう 들어가야지/들어가자, 들어와야지/들어오자
	走(はし)る 달리다	走(はし)ろう 달려야지/달리자
2그룹	見(み)る 보다	見(み)よう 봐야지/보자
	着(き)る 입다	着(き)よう 입어야지/입자
	起(お)きる 일어나다	起(お)きよう 일어나야지/일어나자
	降(お)りる 내리다	降(お)りよう 내려야지/내리자
	食(た)べる 먹다	食(た)べよう 먹어야지/먹자
	寝(ね)る 자다	寝(ね)よう 자야지/자자
	出(で)る 나가다, 나오다	出(で)よう 나가야지/나가자, 나와야지/나오자
	忘(わす)れる 잊다	忘(わす)れよう 잊어야지/잊자
	覚(おぼ)える 외우다	覚(おぼ)えよう 외워야지/외우자
3그룹	する 하다	しよう 해야지/하자
	来(く)る 오다	来(こ)よう 와야지/오자

다음 제시된 동사를 의지형과 권유형으로 활용한 후 우리말 뜻을 써 보세요.

	기본형	의지형 • 권유형 ~(해)야지/~(하)자
1그룹	行(い)く 가다	
	待(ま)つ 기다리다	
	乗(の)る 타다	
	遊(あそ)ぶ 놀다	
	会(あ)う 만나다	
	帰(かえ)る 돌아가다, 돌아오다	
	飲(の)む 마시다	
	話(はな)す 이야기하다	
	泳(およ)ぐ 수영하다	
2그룹	見(み)る 보다	
	食(た)べる 먹다	
	寝(ね)る 자다	
	着(き)る 입다	
	忘(わす)れる 잊다	
3그룹	する 하다	
	来(く)る 오다	

제시된 동사를 활용하여 문장을 완성해 보세요.

1 明日(あした)から [　　　　　　　　]。（はじめる 시작하다）

내일부터 시작해야지/시작하자.

2 大(おお)きいこえで [　　　　　　　　]。（歌(うた)う 노래하다）

큰 목소리로 노래해야지/노래하자.

3 あとで [　　　　　　　　]。（来(く)る 오다）

나중에 와야지/오자.

4 くわしく [　　　　　　　　]。（しらべる 조사하다）

상세하게 조사해야지/조사하자.

5 天気(てんき)がいいから [　　　　　　　　]。（さんぽする 산책하다）

날씨가 좋으니까 산책해야지/산책하자.

6 ゆっくり [　　　　　　　　]。（あるく 걷다）

천천히 걸어야지/걷자.

새단어 明日(あした) 내일 | ~から ~부터, ~니까 | 大(おお)きい 크다 | こえ 목소리 | あとで 나중에 | くわしく 상세하게 | 天気(てんき) 날씨 | いい 좋다 | ゆっくり 천천히

다음 다이어트 관련 글에서 틀린 부분 세 곳을 올바르게 고쳐보세요.

誰(だれ)でもできる！簡単(かんたん)ダイエット！

누구나 할 수 있다! 간단 다이어트!

1. ごはんは、よくかんで①たべろう。
   밥은, 잘 씹어서 먹자.

2. 水(みず)をたくさん②のもよう。
   물을 많이 마시자.

3. 毎日運動(まいにちうんどう)を③しろう。
   매일 운동을 하자.

올바르게 수정하기

①

②

③

새단어 誰(だれ)でも 누구나, 누구든지 | できる 할 수 있다 | 簡単(かんたん)だ 간단하다 | ダイエット 다이어트 | ごはん 밥 | よく 잘 | かむ 씹다 | たべる 먹다 | 水(みず) 물 | たくさん많이 | のむ 마시다 | 毎日(まいにち) 매일 | 運動(うんどう) 운동 | する 하다

STEP 4 다음 한국어 문장을 일본어로 작성해 보세요. 13-1

① ____。

다이어트는 내일부터 시작해야지/시작하자.

② ____。

좀 더 큰 목소리로 노래해야지/노래하자.

③ ____。

다시 나중에 와야지/오자.

④ ____。

조금 더 상세하게 조사해야지/조사하자.

⑤ ____。

오늘은 날씨가 좋으니까 산책해야지/산책하자.

⑥ ____。

발이 아프니까 천천히 걸어야지/걷자.

새단어 もっと 좀 더 | また 다시 | もう少(すこ)し 조금 더 | 今日(きょう) 오늘 | ~から ~니까, ~므로 | さんぽする 산책하다 | 足(あし) 발 | いたい 아프다

14
'~(할) 수 있다'라는 의미의 가능형 ①

① 가능형이란

동사를 가능형으로 만들면 '~(할) 수 있다'라는 의미가 되며, 능력을 나타낼 때 사용합니다. 동사를 가능형으로 만드는 방법은 크게 두 가지가 있습니다. 이번 챕터에서는 그 중 한 가지에 대해 배워 봅시다.

② 가능형 활용 방법①

동사 기본형 뒤에 ことができる를 붙이면 '~(할) 수 있다'라는 의미의 가능형이 됩니다.
できる에 ない를 붙인 ことができない를 붙이면 '~(할) 수 없다'라는 의미의 가능형 부정형이 됩니다.
1그룹, 2그룹, 3그룹의 활용 방법이 모두 동일하며, 딱딱하고 정중한 느낌의 표현입니다.

① 1그룹 동사

동사	접속	가능형	의미
書く(か) 쓰다	ことができる	書く(か)ことができる	쓸 수 있다
	ことができない	書く(か)ことができない	쓸 수 없다

동사	접속	가능형	의미
はこぶ 옮기다	ことができる	はこぶことができる	옮길 수 있다
	ことができない	はこぶことができない	옮길 수 없다

* 예외 1그룹 동사도 1그룹 동사이므로 활용 방법이 동일합니다.

동사	접속	가능형	의미
走る(はし) 달리다	ことができる	走る(はし)ことができる	달릴 수 있다
	ことができない	走る(はし)ことができない	달릴 수 없다

☆ 日本語(にほんご)でメールを書く(か)ことができる。 일본어로 메일을 쓸 수 있다.

☆ 一人(ひとり)ではこぶことができない。 혼자서 옮길 수 없다.

☆ 私(わたし)は姉(あね)よりはやく走る(はし)ことができる。 나는 누나보다 빨리 달릴 수 있다.

② 2그룹 동사

着(き)る 입다	ことができる	着(き)ることができる	입을 수 있다
	ことができない	着(き)ることができない	입을 수 없다

忘(わす)れる 잊다	ことができる	忘(わす)れることができる	잊을 수 있다
	ことができない	忘(わす)れることができない	잊을 수 없다

☆ 一人(ひとり)で着物(きもの)を着(き)ることができる。 혼자서 기모노를 입을 수 있다.

☆ 彼女(かのじょ)を忘(わす)れることができない。 그녀를 잊을 수 없다.

③ 3그룹 동사

する 하다	ことができる	することができる	할 수 있다
	ことができない	することができない	할 수 없다

来(く)る 오다	ことができる	来(く)ることができる	올 수 있다
	ことができない	来(く)ることができない	올 수 없다

☆ 私(わたし)は車(くるま)をうんてんすることができる。 나는 자동차를 운전할 수 있다.

☆ ここは犬(いぬ)と一緒(いっしょ)に来(く)ることができない。 여기는 개와 함께 올 수 없다.

새단어 日本語(にほんご) 일본어 | メール 메일 | 一人(ひとり)で 혼자서 | 姉(あね) 누나, 언니 | ～より ~보다 | はやく 빨리 | 着物(きもの) 기모노(일본 전통 옷) | 彼女(かのじょ) 그녀 | 車(くるま) 자동차 | うんてん 운전 | ここ 여기 | 犬(いぬ) 개 | 一緒(いっしょ)に 함께

주요 동사의 가능형 살펴보기

	기본형	기본형 + ことができる ~(할) 수 있다	기본형 + ことができない ~(할) 수 없다
1그룹	会(あ)う 만나다	会(あ)うことができる 만날 수 있다	会(あ)うことができない 만날 수 없다
	買(か)う 사다	買(か)うことができる 살 수 있다	買(か)うことができない 살 수 없다
	行(い)く 가다	行(い)くことができる 갈 수 있다	行(い)くことができない 갈 수 없다
	聞(き)く 듣다, 묻다	聞(き)くことができる 들을 수 있다, 물을 수 있다	聞(き)くことができない 들을 수 없다, 물을 수 없다
	泳(およ)ぐ 수영하다	泳(およ)ぐことができる 수영할 수 있다	泳(およ)ぐことができない 수영할 수 없다
	出(だ)す 내다, 제출하다	出(だ)すことができる 낼 수 있다, 제출할 수 있다	出(だ)すことができない 낼 수 없다, 제출할 수 없다
	話(はな)す 이야기하다	話(はな)すことができる 이야기할 수 있다	話(はな)すことができない 이야기할 수 없다
	待(ま)つ 기다리다	待(ま)つことができる 기다릴 수 있다	待(ま)つことができない 기다릴 수 없다
	持(も)つ 들다, 가지다	持(も)つことができる 들 수 있다, 가질 수 있다	持(も)つことができない 들 수 없다, 가질 수 없다
	死(し)ぬ 죽다	死(し)ぬことができる 죽을 수 있다	死(し)ぬことができない 죽을 수 없다
	遊(あそ)ぶ 놀다	遊(あそ)ぶことができる 놀 수 있다	遊(あそ)ぶことができない 놀 수 없다
	呼(よ)ぶ 부르다	呼(よ)ぶことができる 부를 수 있다	呼(よ)ぶことができない 부를 수 없다
	飲(の)む 마시다	飲(の)むことができる 마실 수 있다	飲(の)むことができない 마실 수 없다
	読(よ)む 읽다	読(よ)むことができる 읽을 수 있다	読(よ)むことができない 읽을 수 없다
	乗(の)る 타다	乗(の)ることができる 탈 수 있다	乗(の)ることができない 탈 수 없다

	기본형	기본형 + ことができる ~(할) 수 있다	기본형 + ことができない ~(할) 수 없다
예외 1그룹	帰(かえ)る 돌아가다, 돌아오다	帰(かえ)ることができる 돌아갈 수 있다, 돌아올 수 있다	帰(かえ)ることができない 돌아갈 수 없다, 돌아올 수 없다
	切(き)る 자르다	切(き)ることができる 자를 수 있다	切(き)ることができない 자를 수 없다
	入(はい)る 들어가다, 들어오다	入(はい)ることができる 들어갈 수 있다, 들어올 수 있다	入(はい)ることができない 들어갈 수 없다, 들어올 수 없다
	走(はし)る 달리다	走(はし)ることができる 달릴 수 있다	走(はし)ることができない 달릴 수 없다
2그룹	見(み)る 보다	見(み)ることができる 볼 수 있다	見(み)ることができない 볼 수 없다
	着(き)る 입다	着(き)ることができる 입을 수 있다	着(き)ることができない 입을 수 없다
	起(お)きる 일어나다	起(お)きることができる 일어날 수 있다	起(お)きることができない 일어날 수 없다
	降(お)りる 내리다	降(お)りることができる 내릴 수 있다	降(お)りることができない 내릴 수 없다
	食(た)べる 먹다	食(た)べることができる 먹을 수 있다	食(た)べることができない 먹을 수 없다
	寝(ね)る 자다	寝(ね)ることができる 잘 수 있다	寝(ね)ることができない 잘 수 없다
	出(で)る 나가다, 나오다	出(で)ることができる 나갈 수 있다, 나올 수 있다	出(で)ることができない 나갈 수 없다, 나올 수 없다
	教(おし)える 가르치다	教(おし)えることができる 가르칠 수 있다	教(おし)えることができない 가르칠 수 없다
	忘(わす)れる 잊다	忘(わす)れることができる 잊을 수 있다	忘(わす)れることができない 잊을 수 없다
3그룹	する 하다	することができる 할 수 있다	することができない 할 수 없다
	来(く)る 오다	来(く)ることができる 올 수 있다	来(く)ることができない 올 수 없다

다음 제시된 동사에 ことができる와 ことができない를 붙여 가능형으로 활용한 후 우리말 뜻을 써 보세요.

	기본형	~ことができる ~(할) 수 있다	~ことができない ~(할) 수 없다
1그룹	行(い)く 가다		
	待(ま)つ 기다리다		
	乗(の)る 타다		
	遊(あそ)ぶ 놀다		
	会(あ)う 만나다		
	帰(かえ)る 돌아가다, 돌아오다		
	飲(の)む 마시다		
	話(はな)す 이야기하다		
	泳(およ)ぐ 수영하다		
2그룹	見(み)る 보다		
	食(た)べる 먹다		
	寝(ね)る 자다		
	着(き)る 입다		
	忘(わす)れる 잊다		
3그룹	する 하다		
	来(く)る 오다		

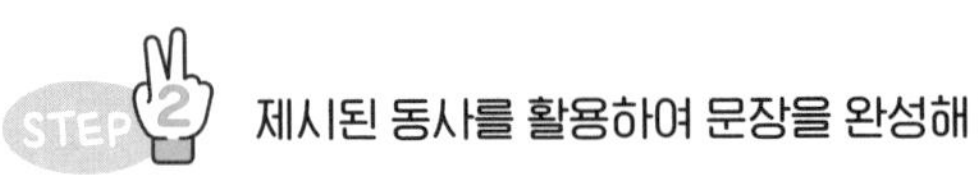

제시된 동사를 활용하여 문장을 완성해 보세요.

1 3キロくらい ＿＿＿＿＿＿＿＿ 。 走る(はし) 달리다

3킬로 정도 달릴 수 있다.

2 一人(ひとり)で ＿＿＿＿＿＿＿＿ 。 着る(き) 입다

혼자서 입을 수 있다.

3 長(なが)いぶんしょうは ＿＿＿＿＿＿＿＿ 。 書く(か) 쓰다

긴 문장은 쓸 수 없다.

4 一度(いちど)に ＿＿＿＿＿＿＿＿ 。 はこぶ 옮기다

한 번에 옮길 수 없다.

5 だれでも ＿＿＿＿＿＿＿＿ 。 利用(りよう)する 이용하다

누구나 이용할 수 있다.

6 音楽(おんがく)を ＿＿＿＿＿＿＿＿ 。 聞く(き) 듣다

음악을 들을 수 있다.

새단어 キロ 킬로(미터) | ～くらい ~정도 | 一人(ひとり)で 혼자서 | 長(なが)い 길다 | ぶんしょう 문장 | 一度(いちど) 한 번 | だれでも 누구나, 누구든지 | 音楽(おんがく) 음악

다음 일본어 능력 상태 체크 글에서 틀린 부분 세 곳을 올바르게 고쳐보세요.

私の日本語は？

나의 일본어는?

(해당하는 곳에 ✓표 해 주세요.)

1. ひらがな・カタカナをすらすら①よみことができる。 ☐
   히라가나・가타카나를 술술 읽을 수 있다.

2. 難しい漢字を②かくことをできる。 ☐
   어려운 한자를 쓸 수 있다.

3. 日本語で意見を③いうことができらない。 ☐
   일본어로 의견을 말할 수 없다.

올바르게 수정하기

① ....

② ....

③ ....

새단어 私 나, 저 | 日本語 일본어 | すらすら 술술 | よむ 읽다 | 難しい 어렵다 | 漢字 한자 | かく 쓰다 | 意見 의견 | いう 말하다

STEP 4 다음 한국어 문장을 일본어로 작성해 보세요. 14-1

1 ____。

나는 3킬로 정도 달릴 수 있다.

2 ____。

유카타는 혼자서 입을 수 있다.

3 ____。

영어로 긴 문장은 쓸 수 없다.

4 ____。

한 번에 전부 옮길 수 없다.

5 ____。

누구나 간단하게 이용할 수 있다.

6 ____。

스마트폰으로 음악을 들을 수 있다.

새단어 ゆかた 유카타(여름에 입는 일본 전통 옷) | 英語(えいご) 영어 | ぜんぶ 전부 | かんたんに 간단하게 | スマホ 스마트폰 | ~で ~으로

15
'~(할) 수 있다'라는 의미의 가능형 ②

1 가능형 활용 방법②

앞 챕터에서 배운 가능형 ①에 비해 회화에서 자주 사용되는 표현입니다.

1 1그룹 동사

어미 う단(う・く・ぐ・す・つ・ぬ・ぶ・む・る)을 え단(え・け・げ・せ・て・ね・べ・め・れ)으로 바꾼 후 뒤에 る를 붙이면 '~(할) 수 있다'라는 의미의 가능형이 됩니다.
마지막 る를 삭제한 후 ない를 붙이면 '~(할) 수 없다'라는 의미의 가능형 부정형이 됩니다.

기본형	어간	어미	가능형	의미
買(か)う 사다	買(か)え	る	買(か)える	살 수 있다
		~~る~~ない	買(か)えない	살 수 없다

기본형	어간	어미	가능형	의미
話(はな)す 이야기하다	話(はな)せ	る	話(はな)せる	이야기할 수 있다
		~~る~~ない	話(はな)せない	이야기할 수 없다

* 예외 1그룹 동사도 1그룹 동사이므로 활용 방법이 동일합니다.

기본형	어간	어미	가능형	의미
切(き)る 자르다	切(き)れ	る	切(き)れる	자를 수 있다
		~~る~~ない	切(き)れない	자를 수 없다

※ 가능형 앞에서는 조사 を대신 が를 사용해야 한다는 점에 주의합시다!
예) 가방을 살 수 있다: かばんを買(か)える(×)　かばんが買(か)える(○)

☆ コンビニでも薬(くすり)が買(か)える。　편의점에서도 약을 살 수 있다.

☆ 彼(かれ)は中国語(ちゅうごくご)も話(はな)せる。　그는 중국어도 이야기할 수 있다.

☆ パンがかたくて、切(き)れない。　빵이 딱딱해서, 자를 수 없다.

② 2그룹 동사

마지막 글자 る를 삭제한 후 뒤에 られる를 붙이면 '~할 수 있다'라는 의미의 가능형이 됩니다.
られる의 る를 삭제한 후 ない를 붙이면 '~(할) 수 없다'라는 의미의 가능형 부정형이 됩니다.

기본형		붙이는 형태		가능형	뜻
起(お)き~~る~~ 일어나다	+	られる	→	起(お)きられる	일어날 수 있다
		られ~~る~~ない		起(お)きられない	일어날 수 없다

기본형		붙이는 형태		가능형	뜻
答(こた)え~~る~~ 대답하다	+	られる	→	答(こた)えられる	대답할 수 있다
		られ~~る~~ない		答(こた)えられない	대답할 수 없다

☆ 朝早(あさはや)く起(お)きられる。 아침 일찍 일어날 수 있다.

☆ どんな質問(しつもん)にも答(こた)えられない。 어떤 질문에도 대답할 수 없다.

③ 3그룹 동사

불규칙동사이므로 정해진 형태를 그대로 외웁니다.
마지막 る를 삭제한 후 ない를 붙이면 가능형 부정형이 됩니다.

기본형		가능형	뜻
する 하다	→	できる	할 수 있다
		でき~~る~~ない	할 수 없다

기본형		가능형	뜻
来(く)る 오다	→	来(こ)られる	올 수 있다
		来(こ)られ~~る~~ない	올 수 없다

☆ としょかんでコピーができる。 도서관에서 복사를 할 수 있다.

☆ 明日(あした)は来(こ)られない。 내일은 올 수 없다.

새단어 コンビニ 편의점 | ~でも ~에서도 | 薬(くすり) 약 | 彼(かれ) 그 | 中国語(ちゅうごくご) 중국어 | パン 빵 | かたい 딱딱하다 | ~くて ~(해)서 | 朝(あさ) 아침 | 早(はや)く 일찍 | どんな 어떤 | 質問(しつもん) 질문 | ~にも ~에도 | としょかん 도서관 | コピー 복사 | 明日(あした) 내일

주요 동사의 가능형 살펴보기

	기본형	가능형(긍정) ~(할) 수 있다	가능형(부정) ~(할) 수 없다
1그룹	会(あ)う 만나다	会(あ)える 만날 수 있다	会(あ)えない 만날 수 없다
	買(か)う 사다	買(か)える 살 수 있다	買(か)えない 살 수 없다
	行(い)く 가다	行(い)ける 갈 수 있다	行(い)けない 갈 수 없다
	聞(き)く 듣다, 묻다	聞(き)ける 들을 수 있다, 물을 수 있다	聞(き)けない 들을 수 없다, 물을 수 없다
	泳(およ)ぐ 수영하다	泳(およ)げる 수영할 수 있다	泳(およ)げない 수영할 수 없다
	出(だ)す 내다, 제출하다	出(だ)せる 낼 수 있다, 제출할 수 있다	出(だ)せない 낼 수 없다, 제출할 수 없다
	話(はな)す 이야기하다	話(はな)せる 이야기할 수 있다	話(はな)せない 이야기할 수 없다
	待(ま)つ 기다리다	待(ま)てる 기다릴 수 있다	待(ま)てない 기다릴 수 없다
	持(も)つ 들다, 가지다	持(も)てる 들 수 있다, 가질 수 있다	持(も)てない 들 수 없다, 가질 수 없다
	死(し)ぬ 죽다	死(し)ねる 죽을 수 있다	死(し)ねない 죽을 수 없다
	遊(あそ)ぶ 놀다	遊(あそ)べる 놀 수 있다	遊(あそ)べない 놀 수 없다
	呼(よ)ぶ 부르다	呼(よ)べる 부를 수 있다	呼(よ)べない 부를 수 없다
	飲(の)む 마시다	飲(の)める 마실 수 있다	飲(の)めない 마실 수 없다
	読(よ)む 읽다	読(よ)める 읽을 수 있다	読(よ)めない 읽을 수 없다
	乗(の)る 타다	乗(の)れる 탈 수 있다	乗(の)れない 탈 수 없다

	기본형	가능형(긍정) ~(할) 수 있다	가능형(부정) ~(할) 수 없다
예외 1그룹	帰(かえ)る 돌아가다, 돌아오다	帰(かえ)れる 돌아갈 수 있다, 돌아올 수 있다	帰(かえ)れない 돌아갈 수 없다, 돌아올 수 없다
	切(き)る 자르다	切(き)れる 자를 수 있다	切(き)れない 자를 수 없다
	入(はい)る 들어가다, 들어오다	入(はい)れる 들어갈 수 있다, 들어올 수 있다	入(はい)れない 들어갈 수 없다, 들어올 수 없다
	走(はし)る 달리다	走(はし)れる 달릴 수 있다	走(はし)れない 달릴 수 없다
2그룹	見(み)る 보다	見(み)られる 볼 수 있다	見(み)られない 볼 수 없다
	着(き)る 입다	着(き)られる 입을 수 있다	着(き)られない 입을 수 없다
	起(お)きる 일어나다	起(お)きられる 일어날 수 있다	起(お)きられない 일어날 수 없다
	降(お)りる 내리다	降(お)りられる 내릴 수 있다	降(お)りられない 내릴 수 없다
	食(た)べる 먹다	食(た)べられる 먹을 수 있다	食(た)べられない 먹을 수 없다
	寝(ね)る 자다	寝(ね)られる 잘 수 있다	寝(ね)られない 잘 수 없다
	教(おし)える 가르치다	教(おし)えられる 가르칠 수 있다	教(おし)えられない 가르칠 수 없다
	忘(わす)れる 잊다	忘(わす)れられる 잊을 수 있다	忘(わす)れられない 잊을 수 없다
	覚(おぼ)える 외우다	覚(おぼ)えられる 외울 수 있다	覚(おぼ)えられない 외울 수 없다
3그룹	する 하다	できる 할 수 있다	できない 할 수 없다
	来(く)る 오다	来(こ)られる 올 수 있다	来(こ)られない 올 수 없다

다음 제시된 동사를 가능형으로 활용한 후 우리말 뜻을 써 보세요.

	기본형	가능형(긍정) ~(할) 수 있다	가능형(부정) ~(할) 수 없다
1그룹	行(い)く 가다		
	待(ま)つ 기다리다		
	乗(の)る 타다		
	遊(あそ)ぶ 놀다		
	会(あ)う 만나다		
	帰(かえ)る 돌아가다, 돌아오다		
	飲(の)む 마시다		
	話(はな)す 이야기하다		
	泳(およ)ぐ 수영하다		
2그룹	見(み)る 보다		
	食(た)べる 먹다		
	寝(ね)る 자다		
	着(き)る 입다		
	忘(わす)れる 잊다		
3그룹	する 하다		
	来(く)る 오다		

STEP 2 제시된 동사를 활용하여 문장을 완성해 보세요.

① クレジットカードが ＿＿＿＿＿＿＿＿ 。 使(つか)う 사용하다

신용 카드를 사용할 수 있다.

③ 誰(だれ)にも ＿＿＿＿＿＿＿＿ 。 話(はな)す 이야기하다

누구에게도 이야기할 수 없다.

③ アルバイトが ＿＿＿＿＿＿＿＿ 。 する 하다

아르바이트를 할 수 있다.

④ 高(たか)くて ＿＿＿＿＿＿＿＿ 。 買(か)う 사다

비싸서 살 수 없다.

⑤ 忙(いそが)しくて ＿＿＿＿＿＿＿＿ 。 来(く)る 오다

바빠서 올 수 없다.

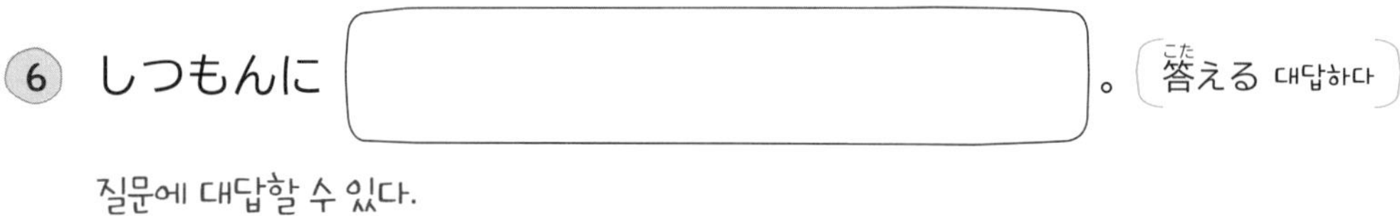

⑥ しつもんに ＿＿＿＿＿＿＿＿ 。 答(こた)える 대답하다

질문에 대답할 수 있다.

새단어 クレジットカード 신용 카드 | 誰(だれ) 누구 | ～にも ~에게도 | アルバイト 아르바이트 | 高(たか)い 비싸다 | ～くて ~(해)서 | 忙(いそが)しい 바쁘다 | しつもん 질문

STEP 3 다음 일본어 능력 상태 체크 글에서 틀린 부분 세 곳을 올바르게 고쳐보세요.

私(わたし)の日本語(にほんご)は?

나의 일본어는?

(해당하는 곳에 ✔표 해 주세요.)

1. 日本(にほん)の歌(うた)が①うたえられる。 ☐
일본 노래를 부를 수 있다.

2. 日本(にほん)のアニメのキャラクターの名前(なまえ)が②おぼえれる。 ☐
일본 애니 캐릭터의 이름을 외울 수 있다.

3. 日本(にほん)のドラマが紹介(しょうかい)③できられる。 ☐
일본 드라마를 소개할 수 있다.

올바르게 수정하기

① ....

② ....

③ ....

새단어 歌(うた) 노래 | うたう (노래) 부르다 | アニメ 애니(메이션) | キャラクター 캐릭터 | 名前(なまえ) 이름 | おぼえる 외우다 | ドラマ 드라마 | 紹介(しょうかい) 소개 | する 하다

STEP 4 다음 한국어 문장을 일본어로 작성해 보세요. 15-1

① ______________________________ 。

여기에서는 신용 카드를 사용할 수 있다.

② ______________________________ 。

부끄러워서 누구에게도 이야기할 수 없다.

③ ______________________________ 。

중학생도 아르바이트를 할 수 있다.

④ ______________________________ 。

맨션이 비싸서 살 수 없다.

⑤ ______________________________ 。

바빠서 좀처럼 올 수 없다.

⑥ ______________________________ 。

학생의 질문에 대답할 수 있다.

새단어 ここ 여기 | ～では ~에서는 | 恥(は)ずかしい 부끄럽다 | ～くて ~(해)서 | 中学生(ちゅうがくせい) 중학생 | マンション 맨션 | なかなか 좀처럼 | 学生(がくせい) 학생

16 '~(하)지 마라'라는 의미의 금지형

① 금지형이란

동사를 금지형으로 만들면 '~(하)지 마라'라는 의미가 되며, 강한 금지를 나타낼 때 사용합니다.

② 금지형 활용 방법

동사 기본형 뒤에 な를 붙이면 '~(하)지 마라'라는 의미의 금지형이 됩니다.
1그룹, 2그룹, 3그룹의 활용 방법이 동일합니다.

① 1그룹 동사

기본형			금지형	의미
聞(き)く 듣다, 묻다	+	な →	聞(き)くな	듣지 마라, 묻지 마라
話(はな)す 이야기하다	+	な →	話(はな)すな	이야기하지 마라

* 예외 1그룹 동사도 1그룹 동사이므로 활용 방법이 동일합니다.

기본형			금지형	의미
走(はし)る 달리다	+	な →	走(はし)るな	달리지 마라

☆ すぐに答(こた)えを聞(き)くな。 곧바로 답을 묻지 마라.

☆ となりの人(ひと)と話(はな)すな。 옆 사람과 이야기하지 마라.

☆ ろうかを走(はし)るな。 복도를 달리지 마라.

② 2그룹 동사

見(み)る 보다	＋ な	➡	見(み)るな	보지 마라
忘(わす)れる 잊다	＋ な	➡	忘(わす)れるな	잊지 마라

☆ こっちを見(み)るな。 이쪽을 보지 마라.

☆ これだけは忘(わす)れるな。 이것만은 잊지 마라.

③ 3그룹 동사

する 하다	＋ な	➡	するな	하지 마라
来(く)る 오다	＋ な	➡	来(く)るな	오지 마라

☆ 無理(むり)をするな。 무리를 하지 마라.

☆ もう明日(あした)から来(く)るな。 이제 내일부터 오지 마라.

새단어 すぐに 곧바로 | 答(こた)え 답 | となり 옆 | 人(ひと) 사람 | ろうか 복도 | こっち 이쪽 | これ 이것 | ～だけ ~만, ~뿐 | 無理(むり) 무리 | もう 이제 | 明日(あした) 내일 | ～から ~부터

주요 동사의 금지형 살펴보기

	기본형	기본형 + な ~(하)지 마라
1그룹	会(あ)う 만나다	会(あ)うな 만나지 마라
	買(か)う 사다	買(か)うな 사지 마라
	行(い)く 가다	行(い)くな 가지 마라
	聞(き)く 듣다, 묻다	聞(き)くな 듣지 마라, 묻지 마라
	泳(およ)ぐ 수영하다	泳(およ)ぐな 수영하지 마라
	出(だ)す 내다, 제출하다	出(だ)すな 내지 마라, 제출하지 마라
	話(はな)す 이야기하다	話(はな)すな 이야기하지 마라
	待(ま)つ 기다리다	待(ま)つな 기다리지 마라
	持(も)つ 들다, 가지다	持(も)つな 들지 마라, 가지지 마라
	死(し)ぬ 죽다	死(し)ぬな 죽지 마라
	遊(あそ)ぶ 놀다	遊(あそ)ぶな 놀지 마라
	呼(よ)ぶ 부르다	呼(よ)ぶな 부르지 마라
	飲(の)む 마시다	飲(の)むな 마시지 마라
	読(よ)む 읽다	読(よ)むな 읽지 마라
	乗(の)る 타다	乗(の)るな 타지 마라

	기본형	기본형 + な ~(하)지 마라
예외 1그룹	帰(かえ)る 돌아가다, 돌아오다	帰(かえ)るな 돌아가지 마라, 돌아오지 마라
	切(き)る 자르다	切(き)るな 자르지 마라
	入(はい)る 들어가다, 들어오다	入(はい)るな 들어가지 마라, 들어오지 마라
	走(はし)る 달리다	走(はし)るな 달리지 마라
2그룹	見(み)る 보다	見(み)るな 보지 마라
	着(き)る 입다	着(き)るな 입지 마라
	起(お)きる 일어나다	起(お)きるな 일어나지 마라
	降(お)りる 내리다	降(お)りるな 내리지 마라
	食(た)べる 먹다	食(た)べるな 먹지 마라
	寝(ね)る 자다	寝(ね)るな 자지 마라
	出(で)る 나가다, 나오다	出(で)るな 나가지 마라, 나오지 마라
	教(おし)える 가르치다	教(おし)えるな 가르치지 마라
	忘(わす)れる 잊다	忘(わす)れるな 잊지 마라
3그룹	する 하다	するな 하지 마라
	来(く)る 오다	来(く)るな 오지 마라

다음 제시된 동사에 な를 붙여 금지형으로 활용한 후 우리말 뜻을 써 보세요.

	기본형	~な ~(하)지 마라
1그룹	行(い)く 가다	
	待(ま)つ 기다리다	
	乗(の)る 타다	
	遊(あそ)ぶ 놀다	
	会(あ)う 만나다	
	帰(かえ)る 돌아가다, 돌아오다	
	飲(の)む 마시다	
	話(はな)す 이야기하다	
	泳(およ)ぐ 수영하다	
2그룹	見(み)る 보다	
	食(た)べる 먹다	
	寝(ね)る 자다	
	着(き)る 입다	
	忘(わす)れる 잊다	
3그룹	する 하다	
	来(く)る 오다	

STEP 2 제시된 동사를 활용하여 문장을 완성해 보세요.

1 そのきもちを ______。 忘(わす)れる 잊다

그 기분을 잊지 마라.

2 そんなことを ______。 聞(き)く 묻다

그런 것을 묻지 마라.

3 危(あぶ)ないから ______。 来(く)る 오다

위험하니까 오지 마라.

4 大声(おおごえ)で ______。 話(はな)す 이야기하다

큰 소리로 이야기하지 마라.

5 タバコを ______。 吸(す)う 피우다

담배를 피우지 마라.

6 はやく ______。 走(はし)る 달리다

빨리 달리지 마라.

새단어 その 그 | きもち 기분 | そんな 그런 | こと 것 | 危(あぶ)ない 위험하다 | ～から ~니까, ~므로 | 大声(おおごえ) 큰 소리 | ～で ~로 | タバコ 담배 | はやく 빨리

다음 경고문에서 틀린 부분 세 곳을 올바르게 고쳐보세요.

危(あぶ)ないから①はいりな
위험하니까 들어가지 마라

ゴミを③すてな
쓰레기를 버리지 마라

올바르게 수정하기

① ______________________

② ______________________

③ ______________________

새단어 危(あぶ)ない 위험하다 | ～から ~니까, ~므로 | はいる (예외 1그룹) 들어가다, 들어오다 | のぼる 올라가다 | ゴミ 쓰레기 | すてる 버리다

STEP 4 다음 한국어 문장을 일본어로 작성해 보세요. 16-1

1 ______________________________。

지금의 그 기분을 잊지 마라.

2 ______________________________。

그런 간단한 것을 묻지 마라.

3 ______________________________。

위험하니까 이쪽에 오지 마라.

4 ______________________________。

그런 큰 소리로 이야기하지 마라.

5 ______________________________。

여기에서 담배를 피우지 마라.

6 ______________________________。

그렇게 빨리 달리지 마라.

새단어 今(いま) 지금 | かんたんだ 간단하다 | こと 것 | こっち 이쪽 | ~に ~에 | ここ 여기 | ~で ~에서 | そんなに 그렇게

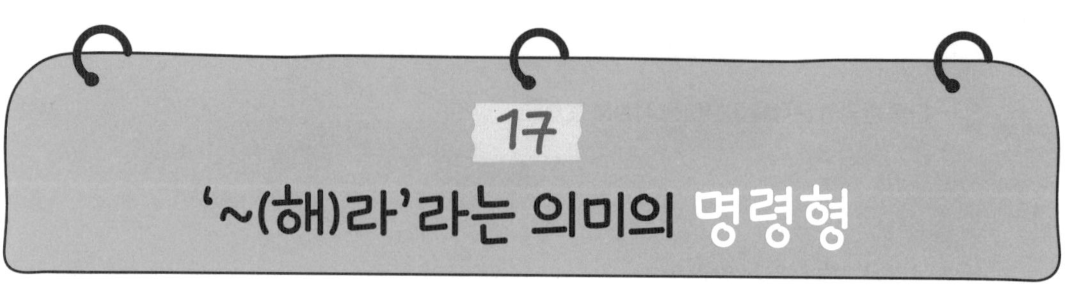

17 '~(해)라'라는 의미의 명령형

① 명령형이란

동사를 명령형으로 만들면 '~(해)라'라는 의미가 되며, 명령할 때 사용합니다.

② 명령형 활용 방법

① 1그룹 동사

어미 う단(う・く・ぐ・す・つ・ぬ・ぶ・む・る)을 え단(え・け・げ・せ・て・ね・べ・め・れ)으로 바꾸면 명령형이 됩니다.

行(い)く 가다	行(い)け	가라
待(ま)つ 기다리다	待(ま)て	기다려라

* 예외 1그룹 동사도 1그룹 동사이므로 활용 방법이 동일합니다.

帰(かえ)る 돌아가다, 돌아오다	帰(かえ)れ	돌아가라, 돌아와라

☆ 向(む)こうに行(い)け。 저쪽으로 가라.

☆ そこで待(ま)て。 거기에서 기다려라.

☆ はやく帰(かえ)れ。 빨리 돌아가라.

② 2그룹 동사

어미 る를 삭제한 후 ろ를 붙이면 '~(해)라'라는 의미의 명령형이 됩니다.

起(お)きる 일어나다	+ ろ	→ 起(お)きろ	일어나라
やめる 그만두다	+ ろ	→ やめろ	그만둬라

☆ 今(いま)すぐ起(お)きろ。　지금 바로 일어나라.

☆ もうけんかはやめろ。　이제 싸움은 그만둬라.

③ 3그룹 동사

불규칙동사이므로 정해진 형태를 그대로 외웁니다.

する
하다
しろ
해라
来(く)る
오다
来(こ)い
와라

☆ うるさいから静(しず)かにしろ。　시끄러우니까 조용히 해라.

☆ ちょっとこっち来(こ)い。　잠깐 이리 와라.

새단어 向(む)こう 저쪽, 맞은편 | そこ 거기 | はやく 빨리 | 今(いま) 지금 | すぐ 바로 | もう 이제 | けんか 싸움 | うるさい 시끄럽다 | ~から ~니까, ~므로 | 静(しず)かに 조용히 | ちょっと 잠깐 | こっち 이리, 이쪽

주요 동사의 명령형 살펴보기

	기본형	명령형 ~(해)라
1그룹	会(あ)う 만나다	会(あ)え 만나라
	買(か)う 사다	買(か)え 사라
	行(い)く 가다	行(い)け 가라
	聞(き)く 듣다, 묻다	聞(き)け 들어라, 물어라
	泳(およ)ぐ 수영하다	泳(およ)げ 수영해라
	出(だ)す 내다, 제출하다	出(だ)せ 내라, 제출해라
	話(はな)す 이야기하다	話(はな)せ 이야기해라
	待(ま)つ 기다리다	待(ま)て 기다려라
	持(も)つ 들다, 가지다	持(も)て 들어라, 가져라
	死(し)ぬ 죽다	死(し)ね 죽어라
	遊(あそ)ぶ 놀다	遊(あそ)べ 놀아라
	呼(よ)ぶ 부르다	呼(よ)べ 불러라
	飲(の)む 마시다	飲(の)め 마셔라
	読(よ)む 읽다	読(よ)め 읽어라
	乗(の)る 타다	乗(の)れ 타라

	기본형	명령형 ~(해)라
예외 1그룹	帰(かえ)る 돌아가다, 돌아오다	帰(かえ)れ 돌아가라, 돌아와라
	切(き)る 자르다	切(き)れ 잘라라
	入(はい)る 들어가다, 들어오다	入(はい)れ 들어가라, 들어와라
	走(はし)る 달리다	走(はし)れ 달려라
2그룹	見(み)る 보다	見(み)ろ 봐라
	着(き)る 입다	着(き)ろ 입어라
	起(お)きる 일어나다	起(お)きろ 일어나라
	降(お)りる 내리다	降(お)りろ 내려라
	食(た)べる 먹다	食(た)べろ 먹어라
	寝(ね)る 자다	寝(ね)ろ 자라
	出(で)る 나가다, 나오다	出(で)ろ 나가라, 나와라
	忘(わす)れる 잊다	忘(わす)れろ 잊어라
	覚(おぼ)える 외우다	覚(おぼ)えろ 외워라
3그룹	する 하다	しろ 해라
	来(く)る 오다	来(こ)い 와라

다음 제시된 동사를 명령형으로 활용한 후 우리말 뜻을 써 보세요.

	기본형	명령형 ~(해)라
1그룹	行く(いく) 가다	
	待つ(まつ) 기다리다	
	乗る(のる) 타다	
	遊ぶ(あそぶ) 놀다	
	言う(いう) 말하다	
	帰る(かえる) 돌아가다, 돌아오다	
	飲む(のむ) 마시다	
	話す(はなす) 이야기하다	
	泳ぐ(およぐ) 수영하다	
2그룹	見る(みる) 보다	
	食べる(たべる) 먹다	
	寝る(ねる) 자다	
	着る(きる) 입다	
	忘れる(わすれる) 잊다	
3그룹	する 하다	
	来る(くる) 오다	

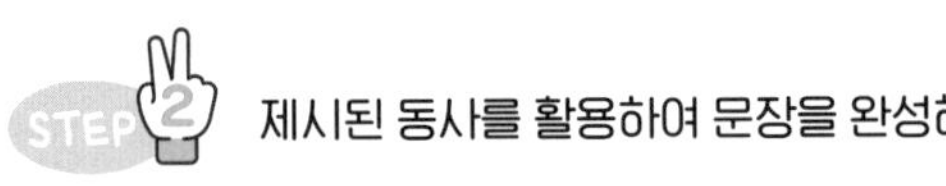

제시된 동사를 활용하여 문장을 완성해 보세요.

1 ここで [　　　　　　　　] 。 待(ま)つ 기다리다

여기에서 기다려라.

2 よく [　　　　　　　　] 。 見(み)る 보다

잘 봐라.

3 どっか [　　　　　　　　] 。 行(い)く 가다

어딘가 가라.

4 朝(あさ)だ、 [　　　　　　　　] 。 起(お)きる 일어나다

아침이다, 일어나라.

5 ちゃんと [　　　　　　　　] 。 べんきょうする 공부하다

제대로 공부해라.

6 もう [　　　　　　　　] 。 かえる 돌아가다

이제 돌아가라.

새단어 ここ 여기 | よく 잘 | どっか 어딘가(=どこか) | 朝(あさ) 아침 | ちゃんと 제대로 | もう 이제

다음 속담에서 틀린 부분 세 곳을 올바르게 고쳐보세요.

ことわざ

속담

1. 善(ぜん)は①いそぎ

좋은 일은 서둘러라

2. 石橋(いしばし)も叩(たた)いて②わたろ

돌다리도 두드리고 건너라

3. 少年(しょうねん)よ、大志(たいし)を③いだか

소년이여, 큰 뜻을 품어라

올바르게 수정하기

① ....

② ....

③ ....

새단어 ことわざ 속담 | 善(ぜん) 좋은 일, 선 | いそぐ 서두르다 | 石橋(いしばし) 돌다리 | 叩(たた)く 두드리다, 치다 | わたる 건너다 | 少年(しょうねん) 소년 | 大志(たいし) 큰 뜻 | いだく(마음 속에) 품다

STEP 4 다음 한국어 문장을 일본어로 작성해 보세요. 17-1

1 ______________________________。

너는 여기에서 기다려라.

2 ______________________________。

앞을 잘 봐라.

3 ______________________________。

빨리 어딘가 가라.

4 ______________________________。

벌써 아침이다, 일어나라.

5 ______________________________。

더 제대로 공부해라.

6 ______________________________。

오늘은 이제 돌아가라.

새단어 おまえ 너 | 前(まえ) 앞 | はやく 빨리 | もう 벌써, 이제 | もっと 더, 더욱 | 今日(きょう) 오늘

18 '~(하)게 하다'라는 의미의 사역형

① 사역형이란

동사를 사역형으로 만들면 '~(하)게 하다'라는 의미가 되며, 다른 사람에게 무언가를 하게 만들 때 사용합니다.

② 사역형 활용 방법

① 1그룹 동사

어미 う단(う・く・ぐ・す・つ・ぬ・ぶ・む・る)을 あ단(わ・か・が・さ・た・な・ば・ま・ら)으로 바꾼 후 뒤에 せる를 붙이면 '~(하)게 하다, 시키다'라는 의미의 사역형이 됩니다.

出(だ)す 내다	出(だ)さ	+	せる	→	出(だ)させる	내게 하다
呼(よ)ぶ 부르다	呼(よ)ば	+	せる	→	呼(よ)ばせる	부르게 하다

* 어미가 う인 경우는 あ가 아닌 わ로 바꾼 후 뒤에 せる를 붙여야 합니다.

笑(わら)う 웃다	笑(わら)わ	+	せる	→	笑(わら)わせる	웃게 하다

☆ 先輩(せんぱい)にお金(かね)を出(だ)させる。 선배에게 돈을 내게 하다.

☆ 妹(いもうと)に名前(なまえ)で呼(よ)ばせる。 여동생에게 이름으로 부르게 하다.

☆ みんなを笑(わら)わせる。 모두를 웃게 하다.

② 2그룹 동사

어미 る를 삭제한 후 させる를 붙이면 '~(하)게 하다, 시키다'라는 의미의 사역형이 됩니다.

見(み)~~る~~ 보다	+ させる	→ 見(み)させる	보게 하다
つづけ~~る~~ 계속하다	+ させる	→ つづけさせる	보게 하다

☆ むすこにアニメを見(み)させる。 아들에게 애니를 보게 하다.

☆ 夫(おっと)にゴルフをつづけさせる。 남편에게 골프를 계속하게 하다.

③ 3그룹 동사

불규칙동사이므로 정해진 형태를 그대로 외웁니다.

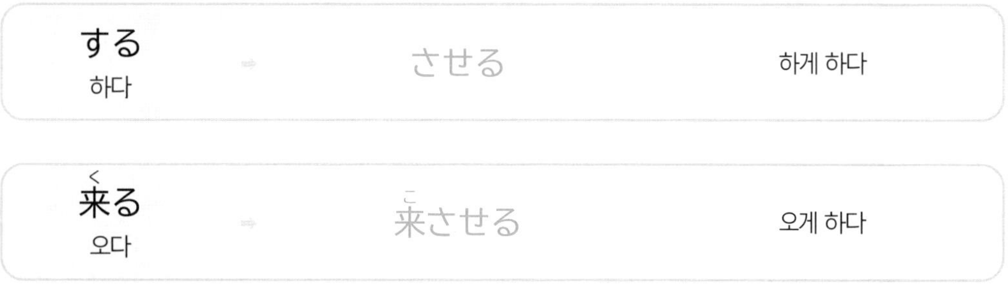

する
하다
させる
하게 하다
来(く)る
오다
来(こ)させる
오게 하다

☆ むすめに部屋(へや)のそうじをさせる。

딸에게 방 청소를 하게 하다.

☆ 父(ちち)にトイレットペーパーを持(も)って来(こ)させる。

아빠에게 화장실 휴지를 가지고 오게 하다.

새단어 先輩(せんぱい) 선배 | お金(かね) 돈 | 妹(いもうと) 여동생 | 名前(なまえ) 이름 | ～で ~으로 | みんな 모두 | むすこ 아들 | アニメ 애니(메이션) | 夫(おっと) 남편 | ゴルフ 골프 | むすめ 딸 | 部屋(へや) 방 | そうじ 청소 | 父(ちち) 아빠, 아버지 | トイレットペーパー 화장실 휴지 | 持(も)つ 가지다

주요 동사의 사역형 살펴보기

	기본형	사역형 ~(하)게 하다
1그룹	会(あ)う 만나다	会(あ)わせる 만나게 하다
	買(か)う 사다	買(か)わせる 사게 하다
	行(い)く 가다	行(い)かせる 가게 하다
	聞(き)く 듣다, 묻다	聞(き)かせる 듣게 하다, 묻게 하다
	泳(およ)ぐ 수영하다	泳(およ)がせる 수영하게 하다
	出(だ)す 내다, 제출하다	出(だ)させる 내게 하다, 제출하게 하다
	話(はな)す 이야기하다	話(はな)させる 이야기하게 하다
	待(ま)つ 기다리다	待(ま)たせる 기다리게 하다
	持(も)つ 들다, 가지다	持(も)たせる 들게 하다, 가지게 하다
	死(し)ぬ 죽다	死(し)なせる 죽게 하다
	遊(あそ)ぶ 놀다	遊(あそ)ばせる 놀게 하다
	呼(よ)ぶ 부르다	呼(よ)ばせる 부르게 하다
	飲(の)む 마시다	飲(の)ませる 마시게 하다
	読(よ)む 읽다	読(よ)ませる 읽게 하다
	乗(の)る 타다	乗(の)らせる 타게 하다

	기본형	사역형 ~(하)게 하다
예외 1그룹	帰(かえ)る 돌아가다, 돌아오다	帰(かえ)らせる 돌아가게 하다, 돌아오게 하다
	切(き)る 자르다	切(き)らせる 자르게 하다
	入(はい)る 들어가다, 들어오다	入(はい)らせる 들어가게 하다, 들어오게 하다
	走(はし)る 달리다	走(はし)らせる 달리게 하다
2그룹	見(み)る 보다	見(み)させる 보게 하다
	着(き)る 입다	着(き)させる 입게 하다
	起(お)きる 일어나다	起(お)きさせる 일어나게 하다
	降(お)りる 내리다	降(お)りさせる 내리게 하다
	食(た)べる 먹다	食(た)べさせる 먹게 하다
	寝(ね)る 자다	寝(ね)させる 자게 하다
	出(で)る 나가다, 나오다	出(で)させる 나가게 하다, 나오게 하다
	忘(わす)れる 잊다	忘(わす)れさせる 잊게 하다
	覚(おぼ)える 외우다	覚(おぼ)えさせる 외우게 하다
3그룹	する 하다	させる 하게 하다
	来(く)る 오다	来(こ)させる 오게 하다

다음 제시된 동사를 사역형으로 활용한 후 우리말 뜻을 써 보세요.

기본형		사역형 ~(하)게 하다
1그룹	行(い)く 가다	
	待(ま)つ 기다리다	
	乗(の)る 타다	
	遊(あそ)ぶ 놀다	
	会(あ)う 만나다	
	帰(かえ)る 돌아가다, 돌아오다	
	飲(の)む 마시다	
	話(はな)す 이야기하다	
	泳(およ)ぐ 수영하다	
2그룹	見(み)る 보다	
	食(た)べる 먹다	
	寝(ね)る 자다	
	着(き)る 입다	
	忘(わす)れる 잊다	
3그룹	する 하다	
	来(く)る 오다	

STEP 2 제시된 동사를 활용하여 문장을 완성해 보세요.

1 うんどうを ＿＿＿＿＿＿＿＿。 つづける 계속하다

운동을 계속하게 하다.

2 タクシーを ＿＿＿＿＿＿＿＿。 呼(よ)ぶ 부르다

택시를 부르게 하다.

3 家(いえ)まで ＿＿＿＿＿＿＿＿。 来(く)る 오다

집까지 오게 하다.

4 難(むずか)しい質問(しつもん)をして ＿＿＿＿＿＿＿＿。 困(こま)る 곤란하다

어려운 질문을 해서 곤란하게 하다.

5 自由(じゆう)に ＿＿＿＿＿＿＿＿。 使(つか)う 사용하다

자유롭게 사용하게 하다.

6 ピアノのれんしゅうを ＿＿＿＿＿＿＿＿。 する 하다

피아노 연습을 하게 하다.

새단어 うんどう 운동 | タクシー 택시 | 家(いえ) 집 | 難(むずか)しい 어렵다 | 質問(しつもん) 질문 | 自由(じゆう)に 자유롭게 | ピアノ 피아노 | れんしゅう 연습

STEP 3 다음 할 일 리스트 글에서 틀린 부분 세 곳을 올바르게 고쳐보세요.

やることリスト

할 일 리스트

3月16日(さんがつじゅうろくにち)

むすめに昼(ひる)ご飯(はん)を①たべせる ☑

딸에게 점심밥을 먹게 한다

部長(ぶちょう)にメールする ☐

부장님에게 메일 한다

夫(おっと)に部屋(へや)のそうじを②しせる ☑

남편에게 방 청소를 하게 한다

むすこに本(ほん)を③よみせる ☐

아들에게 책을 읽게 한다

올바르게 수정하기

① ______________________

② ______________________

③ ______________________

새단어 やること 할 일 | むすめ 딸 | 昼(ひる)ご飯(はん) 점심밥 | たべる 먹다 | 部長(ぶちょう) 부장님 | メール 메일 | 夫(おっと) 남편 | 部屋(へや) 방 | そうじ 청소 | する 하다 | むすこ 아들 | 本(ほん) 책 | よむ 읽다

STEP 4 다음 한국어 문장을 일본어로 작성해 보세요. 18-1

1 ______________________________。

아들에게 운동을 계속하게 하다.

2 ______________________________。

남편에게 택시를 부르게 하다.

3 ______________________________。

친구를 집까지 오게 하다.

4 ______________________________。

어려운 질문을 해서 아버지를 곤란하게 하다.

5 ______________________________。

아이에게 스마트폰을 자유롭게 사용하게 하다.

6 ______________________________。

딸에게 피아노 연습을 하게 하다.

새단어 むすこ 아들 | 夫(おっと) 남편 | 友(とも)だち 친구 | 父(ちち) 아버지, 아빠 | 子(こ)ども 아이 | スマホ 스마트폰 | むすめ 딸

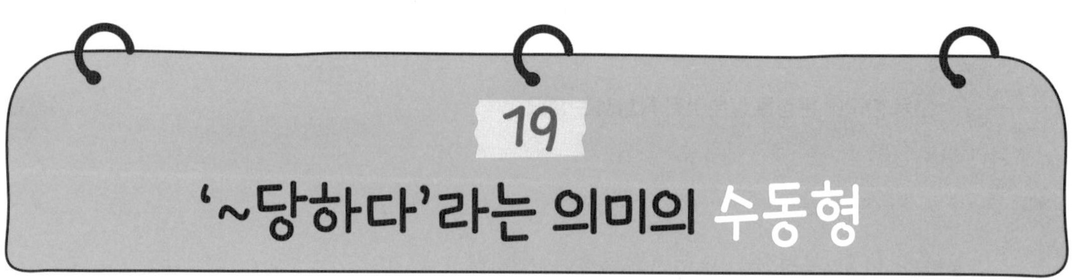

19 '~당하다'라는 의미의 수동형

① 수동형이란

동사를 수동형으로 만들면 '~당하다, ~히다, ~되다, ~받다'라는 의미가 되며, 누군가에게 어떤 행위를 받는 쪽일 때 사용합니다.

② 수동형 활용 방법

① 1그룹 동사

어미 う단(う・く・ぐ・す・つ・ぬ・ぶ・む・る)을 あ단(わ・か・が・さ・た・な・ば・ま・ら)으로 바꾼 후 뒤에 れる를 붙이면 됩니다.

聞(き)く 묻다	聞(き)か	+	れる	=	聞(き)かれる	물음 당하다 (질문받다)
読(よ)む 읽다	読(よ)ま	+	れる	=	読(よ)まれる	읽음 당하다 (읽히다)

* 어미가 う인 경우는 あ가 아닌 わ로 바꾼 후 뒤에 れる를 붙입니다.

使(つか)う 사용하다	使(つか)わ	+	れる	=	使(つか)われる	사용 당하다 (사용되다)

☆ 外国人(がいこくじん)から道(みち)を聞(き)かれる。
외국인으로부터 길을 질문받다.
(외국인이 길을 물었다.)

☆ 父(ちち)に日記(にっき)を読(よ)まれる。
아빠에게 일기를 읽음 당하다.
(아빠에게 일기를 읽히다.)

☆ 弟(おとうと)に車(くるま)をかってに使(つか)われる。
남동생에게 자동차를 제멋대로 사용 당하다.
(남동생이 자동차를 제멋대로 사용한다.)

② 2그룹 동사

어미 る를 삭제한 후 られる를 붙이면 됩니다. 15과에서 배운 가능형과 동일한 형태로, 문장이나 대화의 흐름으로 구분해야 합니다.

☆ 母にスマホの写真を見られる。 엄마에게 스마트폰의 사진을 봄을 당하다.
(엄마가 스마트폰의 사진을 본다.)

☆ 兄は先生によくほめられる。 형은 선생님에게 자주 칭찬받는다.

③ 3그룹 동사

불규칙동사이므로 정해진 형태를 그대로 외웁니다. 来る의 경우 15과에서 배운 가능형과 동일한 형태로, 문장이나 대화의 흐름으로 의미를 구분해야 합니다.

☆ オリンピックは4年に1度開催される。
올림픽은 4년에 한 번 개최된다.

☆ 親に無理やりつれて来られる。
부모에게 억지로 데리고 옴을 당하다.
(부모에게 억지로 끌려오다.)

새단어 外国人 외국인 | ~から ~로부터 | 道 길 | 父 아빠, 아버지 | 日記 일기 | 弟 남동생 | 車 자동차 | かってに 제멋대로 | 母 엄마, 어머니 | スマホ 스마트폰 | 写真 사진 | 兄 형, 오빠 | 先生 선생님 | よく 자주 | オリンピック 올림픽 | 1度 한 번 | 開催 개최 | 親 부모 | 無理やり 억지로, 무리하게 | つれる 데리고 오다, 동반하다

주요 동사의 수동형 활용 살펴보기

	기본형	수동형 ~당하다/~히다/되다/받다
1그룹	言(い)う 말하다, 이야기하다	言(い)われる 말함당하다(듣다, 불리다), 이야기 당하다(이야기되다)
	使(つか)う 사용하다	使(つか)われる 사용 당하다(사용되다)
	歌(うた)う 노래하다	歌(うた)われる 노래함을 당하다(노래가 불려지다)
	書(か)く 쓰다	書(か)かれる 쓰임 당하다(쓰여지다)
	聞(き)く 묻다	聞(き)かれる 물음 당하다(질문받다)
	騒(さわ)ぐ 떠들다	騒(さわ)がれる 떠듦 당하다(화제가 되다)
	壊(こわ)す 부수다	壊(こわ)される 부숨 당하다(부서지다)
	待(ま)つ 기다리다	待(ま)たれる 기다림 당하다
	死(し)ぬ 죽다	死(し)なれる 죽음 당하다
	呼(よ)ぶ 부르다	呼(よ)ばれる 부름 당하다(불리다)
	読(よ)む 읽다	読(よ)まれる 읽음 당하다(읽히다)
	かむ 물다	かまれる 물림 당하다(물리다)
	盗(ぬす)む 훔치다	盗(ぬす)まれる 훔침 당하다(도난 당하다)
	降(ふ)る (비・눈이) 내리다	降(ふ)られる (비・눈에) 내림을 당하다((비・눈을) 맞다)
	作(つく)る 만들다	作(つく)られる 만듦 당하다(만들어지다)

	기본형	수동형 ~당하다/~히다/되다/받다
2그룹	見(み)る 보다	見(み)られる 봄을 당하다(보여지다)
	捨(す)てる 버리다	捨(す)てられる 버림 당하다(버려지다)
	逃(に)げる 도망치다	逃(に)げられる 도망침 당하다(상대방이 도망치다)
	食(た)べる 먹다	食(た)べられる 먹음 당하다(먹히다)
	いじめる 괴롭히다	いじめられる 괴롭힘 당하다
	ほめる 칭찬하다	ほめられる 칭찬 당하다(칭찬받다)
	感(かん)じる 느끼다	感(かん)じられる 느낌 당하다(느껴지다)
	忘(わす)れる 잊다	忘(わす)れられる 잊음 당하다(잊히다)
	建(た)てる 세우다	建(た)てられる 세움 당하다(세워지다, 지어지다)
3그룹	する 하다	される 함을 당하다(~되다)
	来(く)る 오다	来(こ)られる 옴을 당하다(오는 것을 원치 않았는데 오다)

다음 제시된 동사를 수동형으로 활용한 후 우리말 뜻을 써 보세요.

	기본형	수동형 ~당하다/~히다/되다/받다
1그룹	歌(うた)う 노래하다	
	書(か)く 쓰다	
	騒(さわ)ぐ 떠들다	
	壊(こわ)す 부수다	
	待(ま)つ 기다리다	
	死(し)ぬ 죽다	
	呼(よ)ぶ 부르다	
	かむ 물다	
	作(つく)る 만들다	
2그룹	見(み)る 보다	
	ほめる 칭찬하다	
	捨(す)てる 버리다	
	感(かん)じる 느끼다	
	忘(わす)れる 잊다	
3그룹	する 하다	
	来(く)る 오다	

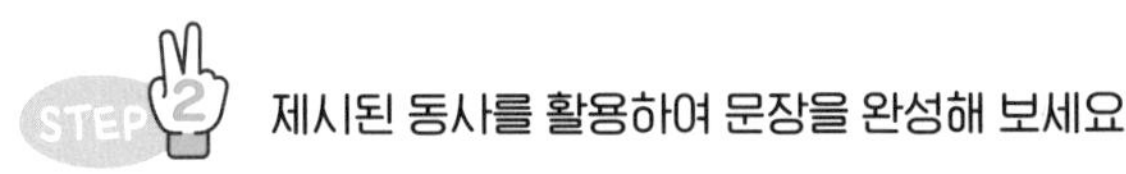

제시된 동사를 활용하여 문장을 완성해 보세요.

1 父(ちち)に [　　　　　　　　]。 ほめる 칭찬하다

아빠에게 칭찬 받는다.

2 ミスをして [　　　　　　　　]。 おこる 꾸짖다

실수를 해서 꾸짖음 당하다.

3 先生(せんせい)に [　　　　　　　　]。 注意(ちゅうい)する 주의하다

선생님에게 주의 받는다.

4 来年(らいねん) [　　　　　　　　]。 たてる 짓다, 세우다

내년에 지어진다.

5 れんらくさきを [　　　　　　　　]。 聞(き)く 묻다

연락처를 질문받는다.

6 家(いえ)に [　　　　　　　　]。 来(く)る 오다

집에 옴을 당하다.

새단어 父(ちち) 아빠, 아버지 | ミス 실수 | する 하다 | 先生(せんせい) 선생님 | 来年(らいねん) 내년 | れんらくさき 연락처 | 家(いえ) 집

다음 지식백과 글에서 틀린 부분 세 곳을 올바르게 고쳐보세요.

オリンピック

올림픽

オリンピックは4年(よねん)に1度(いちど)開催(かいさい)①すられる。

올림픽은 4년에 1번 개최된다.

日本語(にほんご)では「五輪(ごりん)」とも②よびれる。

일본어로는 '오륜'이라고도 불린다.

「平和(へいわ)の祭典(さいてん)」とも③いあれる。

'평화의 제전'이라고도 이야기된다.

올바르게 수정하기

①

②

③

새단어 オリンピック 올림픽 | 1度(いちど) 1번 | 開催(かいさい) 개최 | する 하다 | 五輪(ごりん) 오륜 | よぶ 부르다 | 平和(へいわ) 평화 | 祭典(さいてん) 제전(성대히 열리는 체육 행사) | いう 이야기하다, 말하다

STEP 4 다음 한국어 문장을 일본어로 작성해 보세요. 19-1

1 ________________________________。

누나는 항상 아빠에게 칭찬받는다.

2 ________________________________。

실수를 해서 선배에게 꾸짖음 당하다.

3 ________________________________。

매일 아침 선생님에게 주의 받는다.

4 ________________________________。

내년에 여기에 호텔이 지어진다.

5 ________________________________。

자주 연락처를 질문받는다.

6 ________________________________。

매일 밤 친구에게 집에 옴을 당한다.

새단어 姉(あね) 누나, 언니 | いつも 항상 | せんぱい 선배 | 毎朝(まいあさ) 매일 아침 | ここ 여기 | ホテル 호텔 | よく 자주 | 毎晩(まいばん) 매일 밤 | 友(とも)だち 친구

'(어쩔 수 없이·억지로) ~(하)다'라는 의미의 사역수동형

① 사역수동형이란

동사를 사역수동형으로 만들면 '(어쩔 수 없이 · 억지로) ~(하)다'라는 의미가 됩니다. 또한, '(자연스럽게) 생각하게 되다, 감동받다'와 같이 누군가에 의해 어떤 생각이나 감정이 생겼을 때도 사용할 수 있습니다.

② 사역수동형 활용 방법

① 1그룹 동사

어미 う단(う・く・ぐ・す・つ・ぬ・ぶ・む・る)을 あ단(わ・か・が・さ・た・な・ば・ま・ら)으로 바꾼 후 뒤에 される를 붙이면 사역수동형이 됩니다.

待(ま)つ 기다리다	待(ま)た	+	される	=	待(ま)たされる	(어쩔 수 없이/억지로) 기다리다

* 어미가 う인 경우는 あ가 아닌 わ로 바꾼 후 뒤에 される를 붙입니다.

手伝(てつだ)う 돕다	手伝(てつだ)わ	+	される	=	手伝(てつだ)わされる	(어쩔 수 없이/억지로) 돕다

* 어미가 す인 경우는 あ단으로 바꾼 후 뒤에 される가 아닌 せられる를 붙입니다.

話(はな)す 이야기하다	話(はな)さ	+	せられる	=	話(はな)させられる	(어쩔 수 없이/억지로)

※ 사역수동형을 사용할 때 주의할 점은 대상 뒤에 조사 に를 사용해야 한다는 점입니다.
A に ～される: A에게 ~(하)게 함을 당하다(A에 의해 어쩔 수 없이 ~(하)다)

☆ 彼(かれ)の都合(つごう)でいつも待(ま)たされる。 그의 사정으로 늘 (어쩔 수 없이) 기다린다.

☆ 毎日(まいにち)父(ちち)に仕事(しごと)を手伝(てつだ)わされる。 매일 아빠가 일을 (하게 해서 어쩔 수 없이) 돕는다.

☆ 先生(せんせい)に英語(えいご)だけで話(はな)させられる。 선생님이 영어로만으로 (이야기하게 해서 어쩔 수 없이) 이야기한다.

② 2그룹 동사

어미 る를 삭제한 후 させられる를 붙이면 '(어쩔 수 없이/억지로) ~(하)다'라는 의미의 사역수동형이 됩니다.

見(み)~~る~~ 보다	+ させられる	⇒ 見(み)させられる	(어쩔 수 없이/억지로) 보다
考(かんが)え~~る~~ 생각하다	+ させられる	⇒ 考(かんが)えさせられる	(자연스럽게) 생각하게 되다

☆ 毎朝(まいあさ)弟(おとうと)にアニメを見(み)させられる。 매일 아침 남동생이 애니를 (보게 해서 억지로) 본다.

☆ 娘(むすめ)の話(はなし)を聞(き)いて、いろいろと考(かんが)えさせられる。 딸의 이야기를 듣고, 여러 가지로 (자연스럽게) 생각하게 된다.

③ 3그룹 동사

불규칙동사이므로 정해진 형태를 그대로 외웁니다.

する 하다	⇒ させられる	(어쩔 수 없이/억지로) 하다 (자연스럽게) 하게 되다
来(く)る 오다	⇒ 来(こ)させられる	(어쩔 수 없이/억지로) 오다/오게 되다

☆ 彼女(かのじょ)のスピーチに感動(かんどう)させられる。 그녀의 연설에 (자연스럽게) 감동받다.

☆ 毎週(まいしゅう)友(とも)だちにカラオケに来(こ)させられる。 매주 친구가 노래방에 (오게 해서 어쩔 수 없이) 온다.

새단어 都合(つごう) 사정, 형편 | いつも 늘, 항상 | 毎日(まいにち) 매일 | 父(ちち) 아빠, 아버지 | 仕事(しごと) 일 | 先生(せんせい) 선생님 | 英語(えいご) 영어 | ~だけで ~만으로 | 毎朝(まいあさ) 매일 아침 | 弟(おとうと) 남동생 | アニメ 애니(메이션) | むすめ 딸 | 話(はなし) 이야기 | 聞(き)く 듣다 | いろいろと 여러가지로 | スピーチ 연설 | 感動(かんどう)する 감동하다 | 毎週(まいしゅう) 매주 | 友(とも)だち 친구 | カラオケ 노래방

주요 동사의 사역수동형 활용 살펴보기

	기본형	사역수동형 (어쩔 수 없이/억지로) ~(하)다
1그룹	会(あ)う 만나다	会(あ)わされる (어쩔 수 없이/억지로) 만나다
	買(か)う 사다	買(か)わされる (어쩔 수 없이/억지로) 사다
	行(い)く 가다	行(い)かされる (어쩔 수 없이/억지로) 가다
	聞(き)く 듣다	聞(き)かされる (어쩔 수 없이/억지로) 듣다
	脱(ぬ)ぐ 벗다	脱(ぬ)がされる (어쩔 수 없이/억지로) 벗다
	出(だ)す 내다, 제출하다	出(だ)させられる (어쩔 수 없이/억지로) 내다, 제출하다
	話(はな)す 이야기하다	話(はな)させられる (어쩔 수 없이/억지로) 이야기하다
	待(ま)つ 기다리다	待(ま)たされる (어쩔 수 없이/억지로) 기다리다
	持(も)つ 들다, 가지다	持(も)たされる (어쩔 수 없이/억지로) 들다, 가지다
	死(し)ぬ 죽다	死(し)なされる (어쩔 수 없이/억지로) 죽다
	遊(あそ)ぶ 놀다	遊(あそ)ばされる (어쩔 수 없이/억지로) 놀다
	転(ころ)ぶ 구르다	転(ころ)ばされる (어쩔 수 없이/억지로) 구르다
	飲(の)む 마시다	飲(の)まされる (어쩔 수 없이/억지로) 마시다
	読(よ)む 읽다	読(よ)まされる (어쩔 수 없이/억지로) 읽다

	기본형	사역수동형 (어쩔 수 없이/억지로) ~(하)다
예외 1그룹	帰(かえ)る 돌아가다, 돌아오다	帰(かえ)らされる (어쩔 수 없이/억지로) 돌아가다, 돌아오다
	切(き)る 자르다	切(き)らされる (어쩔 수 없이/억지로) 자르다
	入(はい)る 들어가다, 들어오다	入(はい)らされる (어쩔 수 없이/억지로) 들어가다, 들어오다
	走(はし)る 달리다	走(はし)らされる (어쩔 수 없이/억지로) 달리다
2그룹	見(み)る 보다	見(み)させられる (어쩔 수 없이/억지로) 보다
	着(き)る 입다	着(き)させられる (어쩔 수 없이/억지로) 입다
	起(お)きる 일어나다	起(お)きさせられる (어쩔 수 없이/억지로) 일어나다
	降(お)りる 내리다	降(お)りさせられる (어쩔 수 없이/억지로) 내리다
	食(た)べる 먹다	食(た)べさせられる (어쩔 수 없이/억지로) 먹다
	寝(ね)る 자다	寝(ね)させられる (어쩔 수 없이/억지로) 자다
	教(おし)える 가르치다	教(おし)えさせられる (어쩔 수 없이/억지로) 가르치다
	忘(わす)れる 잊다	忘(わす)れさせられる (어쩔 수 없이/억지로) 잊다
	覚(おぼ)える 외우다	覚(おぼ)えさせられる (어쩔 수 없이/억지로) 외우다
3그룹	する 하다	させられる (어쩔 수 없이/억지로)하다
	来(く)る 오다	来(こ)させられる (어쩔 수 없이/억지로) 오다

다음 제시된 동사를 사역수동형으로 활용한 후 우리말 뜻을 써 보세요.

	기본형	사역수동형 (어쩔 수 없이/억지로) ~(하)다
1그룹	行(い)く 가다	
	待(ま)つ 기다리다	
	座(すわ)る 앉다	
	遊(あそ)ぶ 놀다	
	会(あ)う 만나다	
	帰(かえ)る 돌아가다, 돌아오다	
	飲(の)む 마시다	
	話(はな)す 이야기하다	
	脱(ぬ)ぐ 벗다	
2그룹	見(み)る 보다	
	食(た)べる 먹다	
	寝(ね)る 자다	
	着(き)る 입다	
	忘(わす)れる 잊다	
3그룹	する 하다	
	来(く)る 오다	

STEP 2 제시된 동사를 활용하여 문장을 완성해 보세요.

1 宿題(しゅくだい)を [　　　　　　]。 手伝(てつだ)う 돕다

숙제를 (어쩔 수 없이) 돕는다.

2 飲(の)み会(かい)に [　　　　　　]。 来(く)る 오다

회식에 (억지로) 오게 한다.

3 やさいを [　　　　　　]。 食(た)べる 먹다

야채를 (억지로) 먹게 한다.

4 1時間(いちじかん)も [　　　　　　]。 待(ま)つ 기다리다

1시간이나 (어쩔 수 없이) 기다린다.

5 小(ちい)さい声(こえ)で、 [　　　　　　]。 話(はな)す 이야기하다

작은 목소리로, (어쩔 수 없이) 이야기한다.

6 ピアノを [　　　　　　]。 れんしゅうする 연습하다

피아노를 (어쩔 수 없이) 연습한다.

새단어 宿題(しゅくだい) 숙제 | 飲(の)み会(かい) 회식, 술지리 | やさい 야채, 채소 | 1時間(いちじかん) 1시간 | ～も ~이나 | 小(ちい)さい 작다 | 声(こえ) 목소리 | ～で ~로 | ピアノ 피아노

STEP 3 다음 메신저 글에서 틀린 부분 세 곳을 올바르게 고쳐보세요.

今日(きょう)は本当(ほんとう)に大変(たいへん)な一日(いちにち)だったよ
午後(ごご) 9:23
오늘은 정말로 힘든 하루였어

何(なに)かあった？
午後(ごご) 9:24
뭔가 있었어?

病院(びょういん)で1時間(いちじかん)も①またさせるし
午後(ごご) 9:24
병원에서 1시간이나 (어쩔 수 없이) 기다리고

かぜなのに、むりやり学校(がっこう)に②こられるし
午後(ごご) 9:24
감기인데, 학교에 (어쩔 수 없이) 오고

野菜(やさい)のおかゆも③たべせられるし
午後(ごご) 9:25
야채 죽도 (억지로) 먹고

大変(たいへん)だったね
午後(ごご) 9:25
힘들었겠네

\+ #

올바르게 수정하기

①

②

③

새단어 午後(ごご) 오후 | 今日(きょう) 오늘 | 本当(ほんとう)に 정말로 | 大変(たいへん)だ 힘들다 | 一日(いちにち) 하루 | 何(なに)か 뭔가 | ある 있다 | 病院(びょういん) 병원 | ～で ~에서 | 1時間(いちじかん) 1시간 | ～も ~이나 | まつ 기다리다 | ～し ~(하)고 | かぜ 감기 | ～なのに ~인데 | 学校(がっこう) 학교 | くる 오다 | 野菜(やさい) 야채, 채소 | おかゆ 죽 | ～も ~도

STEP 4 다음 한국어 문장을 일본어로 작성해 보세요. 20-1

1 ....。

매주 남동생의 (어쩔 수 없이) 숙제를 돕는다.

2 ....。

언제나 부장님이 (시켜서 억지로) 회식에 온다.

3 ....。

매일 아버지가 (시켜서 억지로) 야채를 먹는다.

4 ....。

카페에서 한 시간이나 (어쩔 수 없이) 기다린다.

5 ....。

선생님이 작은 목소리로 (이야기 하게 해서 어쩔 수 없이) 이야기한다.

6 ....。

오늘도 어머니(가 시켜서) 피아노를 (어쩔 수 없이) 연습한다.

새단어 毎週(まいしゅう) 매주 | 弟(おとうと) 남동생 | いつも 항상, 언제나 | 部長(ぶちょう) 부장 | 毎日(まいにち) 매일 | 父(ちち) 아버지 | カフェ 카페 | ～で ~에서 | 先生(せんせい) 선생님 | 今日(きょう) 오늘 | ～も ~도

부록

- 동사 활용표
- 동사 활용 총정리 노트
- 동사 색인
- 단어 색인

동사 활용표

	기본형 ~(하)다	~ます ~(합)니다	~ました ~(했)습니다	~ません ~(하)지 않습니다	~ませんでした ~(하)지 않았습니다
1그룹	会(あ)う 만나다	会(あ)います 만납니다	会(あ)いました 만났습니다	会(あ)いません 만나지 않습니다	会(あ)いませんでした 만나지 않았습니다
	行(い)く 가다	行(い)きます 갑니다	行(い)きました 갔습니다	行(い)きません 가지 않습니다	行(い)きませんでした 가지 않았습니다
	泳(およ)ぐ 수영하다	泳(およ)ぎます 수영합니다	泳(およ)ぎました 수영했습니다	泳(およ)ぎません 수영하지 않습니다	泳(およ)ぎませんでした 수영하지 않았습니다
	話(はな)す 이야기하다	話(はな)します 이야기합니다	話(はな)しました 이야기했습니다	話(はな)しません 이야기하지 않습니다	話(はな)しませんでした 이야기하지 않았습니다
	待(ま)つ 기다리다	待(ま)ちます 기다립니다	待(ま)ちました 기다렸습니다	待(ま)ちません 기다리지 않습니다	待(ま)ちませんでした 기다리지 않았습니다
	死(し)ぬ 죽다	死(し)にます 죽습니다	死(し)にました 죽었습니다	死(し)にません 죽지 않습니다	死(し)にませんでした 죽지 않았습니다
	遊(あそ)ぶ 놀다	遊(あそ)びます 놉니다	遊(あそ)びました 놀았습니다	遊(あそ)びません 놀지 않습니다	遊(あそ)びませんでした 놀지 않았습니다
	飲(の)む 마시다	飲(の)みます 마십니다	飲(の)みました 마셨습니다	飲(の)みません 마시지 않습니다	飲(の)みませんでした 마시지 않았습니다
	乗(の)る 타다	乗(の)ります 탑니다	乗(の)りました 탔습니다	乗(の)りません 타지 않습니다	乗(の)りませんでした 타지 않았습니다
예외 1그룹	帰(かえ)る 돌아가다, 돌아오다	帰(かえ)ります 돌아갑니다, 돌아옵니다	帰(かえ)りました 돌아갔습니다, 돌아왔습니다	帰(かえ)りません 돌아가지 않습니다, 돌아오지 않습니다	帰(かえ)りませんでした 돌아가지 않았습니다, 돌아오지 않았습니다
2그룹	見(み)る 보다	見(み)ます 봅니다	見(み)ました 봤습니다	見(み)ません 보지 않습니다	見(み)ませんでした 보지 않았습니다
	食(た)べる 먹다	食(た)べます 먹습니다	食(た)べました 먹었습니다	食(た)べません 먹지 않습니다	食(た)べませんでした 먹지 않았습니다
3그룹	する 하다	します 합니다	しました 했습니다	しません 하지 않습니다	しませんでした 하지 않았습니다
	来(く)る 오다	来(き)ます 옵니다	来(き)ました 왔습니다	来(き)ません 오지 않습니다	来(き)ませんでした 오지 않았습니다

~ない ~(하)지 않는다	~なかった ~(하)지 않았다
会わない 만나지 않는다	会わなかった 만나지 않았다
行かない 가지 않는다	行かなかった 가지 않았다
泳がない 수영하지 않는다	泳がなかった 수영하지 않았다
話さない 이야기하지 않는다	話さなかった 이야기하지 않았다
待たない 기다리지 않는다	待たなかった 기다리지 않았다
死なない 죽지 않는다	死ななかった 죽지 않았다
遊ばない 놀지 않는다	遊ばなかった 놀지 않았다
飲まない 마시지 않는다	飲まなかった 마시지 않았다
乗らない 타지 않는다	乗らなかった 타지 않았다
帰らない 돌아가지 않는다, 돌아오지 않는다	帰らなかった 돌아가지 않았다, 돌아오지 않았다
見ない 보지 않는다	見なかった 보지 않았다
食べない 먹지 않는다	食べなかった 먹지 않았다
しない 하지 않는다	しなかった 하지 않았다
来ない 오지 않는다	来なかった 오지 않았다

	기본형	~て ~(하)고 / ~(해)서	~た ~(했)다
う、つ、る로 끝나는 동사	会う 만나다	会って 만나고/만나서	会った 만났다
	行く 가다	待って 기다리고/기다려서	待った 기다렸다
	乗る 타다	乗って 타고/타서	乗った 탔다
ぬ、む、ぶ로 끝나는 동사	死ぬ 죽다	死んで 죽고/죽어서	死んだ 죽었다
	飲む 마시다	飲んで 마시고/마셔서	飲んだ 마셨다
	遊ぶ 놀다	遊んで 놀고/놀아서	遊んだ 놀았다
く、ぐ로 끝나는 동사	聞く 듣다	聞いて 듣고/들어서	聞いた 들었다
	泳ぐ 수영하다	泳いで 수영하고/수영해서	泳いだ 수영했다
	※예외 行く 가다	行って 가고/가서	行った 갔다
す로 끝나는 동사	話す 이야기하다	話して 이야기하고/이야기해서	話した 이야기했다
2그룹	見る 보다	見て 보고, 봐서	見た 봤다
	食べる 먹다	食べて 먹고, 먹어서	食べた 먹었다
3그룹	する 하다	して 하고, 해서	した 했다
	来る 오다	来て 오고, 와서	来た 왔다

동사 활용 총정리 노트

買(か)う 사다

✎ 제시된 동사를 알맞게 활용하여 빈칸을 채워 보세요.

くつを＿＿＿＿＿＿＿＿＿＿＿＿。　구두를 삽니다.

昨日(きのう)＿＿＿＿＿＿＿＿＿＿＿＿。　어제 샀습니다.

野菜(やさい)は＿＿＿＿＿＿＿＿＿＿＿＿。　채소는 사지 않습니다.

お弁当(べんとう)は＿＿＿＿＿＿＿＿＿＿＿＿。　도시락은 사지 않는다.

何(なに)も＿＿＿＿＿＿＿＿＿＿＿＿。　아무것도 사지 않았습니다.

チケットを＿＿＿＿＿＿＿＿＿＿＿＿入(はい)る。　티켓을 사서 들어간다.

たくさん＿＿＿＿＿＿＿＿＿＿＿＿。　많이 샀다.

２つ＿＿＿＿＿＿＿＿＿＿＿＿。　두 개 사야지/사자.

全部(ぜんぶ)＿＿＿＿＿＿＿＿＿＿＿＿。　전부 살 수 있다.

車(くるま)を＿＿＿＿＿＿＿＿＿＿＿＿。　(어쩔 수 없이) 자동차를 산다.

새단어 くつ 구두 | 昨日(きのう) 어제 | 野菜(やさい) 채소, 야채 | お弁当(べんとう) 도시락 | 何(なに)も 아무것도 | チケット 티켓 | 入(はい)る 들어가다, 들어오다 | たくさん 많이 | 2つ(ふた) 두 개 | 全部(ぜんぶ) 전부 | 車(くるま) 자동차

行く 가다

✎ 제시된 동사를 알맞게 활용하여 빈칸을 채워 보세요.

会社に＿＿＿＿＿＿＿＿＿＿。 회사에 갑니다.

先週も＿＿＿＿＿＿＿＿＿＿。 지난 주도 갔습니다.

彼は＿＿＿＿＿＿＿＿＿＿。 그는 가지 않았습니다.

姉は＿＿＿＿＿＿＿＿＿＿。 누나는 가지 않는다.

日本に＿＿＿＿＿ラーメンを食べる。 일본에 가서 라멘을 먹는다.

もう＿＿＿＿＿＿＿＿＿＿。 이미 갔다.

みんなで＿＿＿＿＿＿＿＿＿＿。 다 함께 가야지/가자.

来週は＿＿＿＿＿＿＿＿＿＿。 다음 주는 갈 수 있다.

学校に＿＿＿＿＿＿＿＿＿＿。 학교에 가게 한다.

キャンプに＿＿＿＿＿＿＿＿＿＿。 (어쩔 수 없이) 캠프에 간다.

새단어 会社 회사 | 先週 지난 주 | 彼 그 | 姉 누나, 언니 | 日本 일본 | ラーメン 라멘 | 食べる 먹다 | もう 이미, 이제, 벌써 | みんなで 다 함께 | 来週 다음 주 | 学校 학교 | キャンプ 캠프

泳(およ)ぐ 수영하다, 헤엄치다

✎ 제시된 동사를 알맞게 활용하여 빈칸을 채워 보세요.

魚(さかな)が＿＿＿＿＿＿＿＿＿＿。　물고기가 헤엄칩니다.

１時間(じかん)＿＿＿＿＿＿＿＿＿＿。　1시간 수영했습니다.

海(うみ)では＿＿＿＿＿＿＿＿＿＿。　바다에서는 수영하지 않았습니다.

弟(おとうと)は＿＿＿＿＿＿＿＿＿＿。　남동생은 수영하지 않았다.

川(かわ)を＿＿＿＿＿＿＿＿＿＿帰(かえ)る。　강을 수영해서 돌아간다.

プールで＿＿＿＿＿＿＿＿＿＿。　수영장에서 수영했다.

＿＿＿＿＿＿＿＿＿＿は楽(たの)しい。　수영하는 것은 즐겁다.

一緒(いっしょ)に＿＿＿＿＿＿＿＿＿＿。　함께 수영해야지/수영하자.

犬(いぬ)は＿＿＿＿＿＿＿＿＿＿。　개는 헤엄칠 수 있다.

ここで＿＿＿＿＿＿＿＿＿＿。　여기에서 수영하지 마라.

새단어 魚(さかな) 물고기, 생선 | 時間(じかん) 시간 | 海(うみ) 바다 | 弟(おとうと) 남동생 | 川(かわ) 강 | 帰(かえ)る 돌아가다, 돌아오다 | プール 수영장 | 楽(たの)しい 즐겁다 | 一緒(いっしょ)に 함께 | 犬(いぬ) 개 | ここ 여기

話す(はな) 이야기하다

✎ 제시된 동사를 알맞게 활용하여 빈칸을 채워 보세요.

日本語(にほんご)で＿＿＿＿＿＿＿＿＿＿。 일본어로 이야기합니다.

母(はは)に＿＿＿＿＿＿＿＿＿＿。 어머니에게 이야기했습니다.

もう＿＿＿＿＿＿＿＿＿＿。 이제 이야기하지 않습니다.

理由(りゆう)を＿＿＿＿＿＿＿＿＿＿。 이유를 이야기하지 않는다.

誰(だれ)にも＿＿＿＿＿＿＿＿＿＿。 누구에게도 이야기하지 않았습니다.

彼女(かのじょ)と＿＿＿＿＿＿＿＿楽(たの)しかった。 그녀와 이야기해서 즐거웠다.

電話(でんわ)で＿＿＿＿＿＿＿＿＿＿。 전화로 이야기했다.

あとで＿＿＿＿＿＿＿＿＿＿。 나중에 이야기해야지/이야기하자.

少(すこ)しだけ＿＿＿＿＿＿＿＿＿＿。 조금만 이야기할 수 있다.

何(なに)も＿＿＿＿＿＿＿＿＿＿。 아무것도 이야기하지 마라.

새단어 日本語(にほんご) 일본어 | 母(はは) 어머니 | もう 이제 | 理由(りゆう) 이유 | 誰(だれ) 누구 | 彼女(かのじょ) 그녀 | 楽(たの)しい 즐겁다 | 電話(でんわ) 전화 | あとで 나중에 | 少(すこ)し 조금 | ～だけ ~만 | 何(なに)も 아무것도

待つ(ま) 기다리다

✎ 제시된 동사를 알맞게 활용하여 빈칸을 채워 보세요.

いつまでも＿＿＿＿＿＿＿＿。　언제까지라도 기다립니다.

森(もり)さんを＿＿＿＿＿＿＿＿。　모리씨를 기다렸습니다.

もう＿＿＿＿＿＿＿＿。　이제 기다리지 않습니다.

これ以上(いじょう)＿＿＿＿＿＿＿＿。　이 이상 기다리지 않는다.

あまり＿＿＿＿＿＿＿＿。　별로 기다리지 않았다.

５分(ふん)＿＿＿＿＿＿＿＿入(はい)った。　5분 기다려서 들어갔다.

コンビニの前(まえ)で＿＿＿＿＿＿＿＿。　편의점 앞에서 기다렸다.

みんなで＿＿＿＿＿＿＿＿。　다함께 기다려야지/기다리자.

２０分(ぷん)までは＿＿＿＿＿＿＿＿。　20분까지는 기다릴 수 있다.

いつも＿＿＿＿＿＿＿＿。　늘 (어쩔 수 없이) 기다린다.

새단어 いつまでも 언제까지라도 | もう 이제 | これ以上(いじょう) 이 이상 | あまり 별로 | ～分(ふん・ぷん) ~분 | 入(はい)る 들어가다, 들어오다 | コンビニ 편의점 | 前(まえ) 앞 | みんなで 다함께 | ～まで ~까지 | いつも 늘

休(やす)む 쉬다

✎ 제시된 동사를 알맞게 활용하여 빈칸을 채워 보세요.

明日(あした)は＿＿＿＿＿＿＿＿＿＿。 내일은 쉽니다.

かぜで＿＿＿＿＿＿＿＿＿＿。 감기로 쉬었습니다.

一日(いちにち)も＿＿＿＿＿＿＿＿＿＿。 하루도 쉬지 않습니다.

バイトを＿＿＿＿＿カラオケに行(い)った。 아르바이트를 쉬고 노래방에 갔다.

ゆっくり＿＿＿＿＿＿＿＿＿＿。 느긋하게 쉬었다.

＿＿＿＿＿＿＿＿＿＿も大事(だいじ)だ。 쉬는 것도 중요하다.

ちょっと＿＿＿＿＿＿＿＿＿＿。 잠깐 쉬어야지/쉬자.

今日(きょう)は＿＿＿＿＿＿＿＿＿＿。 오늘은 쉬어라.

学校(がっこう)を＿＿＿＿＿＿＿＿＿＿。 학교를 쉬게 하다.

仕事(しごと)を＿＿＿＿＿＿＿＿＿＿。 일을 (어쩔 수 없이) 쉰다.

새단어 明日(あした) 내일 | かぜ 감기 | 一日(いちにち) 하루 | バイト 아르바이트 | カラオケ 노래방 | 行(い)く 가다 | ゆっくり 느긋하게 | 大事(だいじ)だ 중요하다 | ちょっと 잠깐 | 今日(きょう) 오늘 | 学校(がっこう) 학교 | 仕事(しごと) 일

遊(あそ)ぶ 놀다

✎ 제시된 동사를 알맞게 활용하여 빈칸을 채워 보세요.

友(とも)だちと＿＿＿＿＿＿＿＿＿＿。 친구와 놉니다.

楽(たの)しく＿＿＿＿＿＿＿＿＿＿。 즐겁게 놀았습니다.

今日(きょう)は＿＿＿＿＿＿＿＿＿＿。 오늘은 놀지 않습니다.

もう彼(かれ)とは＿＿＿＿＿＿＿＿＿＿。 이제 그와는 놀지 않는다.

あまり＿＿＿＿＿＿＿＿＿＿。 별로 놀지 않았습니다.

たくさん＿＿＿＿＿たくさん食(た)べる。 많이 놀고 많이 먹는다.

夜遅(よるおそ)くまで＿＿＿＿＿＿＿＿＿＿。 밤늦게까지 놀았다.

公園(こうえん)で＿＿＿＿＿＿＿＿＿＿。 공원에서 놀아야지/놀자.

いつでも＿＿＿＿＿＿＿＿＿＿。 언제든지 놀 수 있다.

自由(じゆう)に＿＿＿＿＿＿＿＿＿＿。 자유롭게 놀게 한다.

새단어 友(とも)だち 친구 | 楽(たの)しく 즐겁게 | 今日(きょう) 오늘 | もう 이제 | 彼(かれ) 그 | あまり 별로 | たくさん 많이 | 食(た)べる 먹다 | 夜(よる) 밤 | 遅(おそ)く 늦게 | 公園(こうえん) 공원 | いつでも 언제든지 | 自由(じゆう)に 자유롭게

飲(の)む 마시다

제시된 동사를 알맞게 활용하여 빈칸을 채워 보세요.

毎日(まいにち)＿＿＿＿＿＿＿＿＿＿。 매일 마십니다.

一人(ひとり)で＿＿＿＿＿＿＿＿＿＿。 혼자서 마셨습니다.

ワインは＿＿＿＿＿＿＿＿＿＿。 와인은 마시지 않습니다.

コーヒーは＿＿＿＿＿＿＿＿＿＿。 커피는 마시지 않는다.

少(すこ)しも＿＿＿＿＿＿＿＿＿＿。 조금도 마시지 않았습니다.

スープを＿＿＿＿＿＿＿＿＿＿寝(ね)る。 스프를 마시고 잔다.

コップで＿＿＿＿＿＿＿＿＿＿。 컵으로 마셨다.

お茶(ちゃ)でも＿＿＿＿＿＿＿＿＿＿。 차라도 마셔야지/마시자.

牛乳(ぎゅうにゅう)を＿＿＿＿＿＿＿＿＿＿。 우유를 마시게 한다.

お酒(さけ)を＿＿＿＿＿＿＿＿＿＿。 술을 (어쩔 수 없이/억지로) 마신다.

새단어 毎日(まいにち) 매일 | 一人(ひとり)で 혼자서 | ワイン 와인 | コーヒー 커피 | 少(すこ)しも 조금도 | スープ 스프 | 寝(ね)る 자다 | コップ 컵 | お茶(ちゃ) 차 | ～でも ~라도 | 牛乳(ぎゅうにゅう) 우유 | お酒(さけ) 술

売(う)る 팔다

✎ 제시된 동사를 알맞게 활용하여 빈칸을 채워 보세요.

安(やす)く＿＿＿＿＿＿＿＿＿＿。 싸게 팝니다.

1万円(いちまんえん)で＿＿＿＿＿＿＿＿＿＿。 만엔으로 팔았습니다.

タバコは＿＿＿＿＿＿＿＿＿＿。 담배는 팔지 않습니다.

この家(いえ)は＿＿＿＿＿＿＿＿＿＿。 이 집은 팔지 않는다.

最後(さいご)まで＿＿＿＿＿＿＿＿＿＿。 마지막까지 팔지 않았습니다.

今(いま)のスマホを＿＿＿＿＿＿
新(あたら)しいスマホを買(か)う。 지금 스마트폰을 팔고 새 스마트폰을 산다.

車(くるま)を＿＿＿＿＿＿＿＿＿＿。 자동차를 팔았다.

古(ふる)い時計(とけい)を＿＿＿＿＿＿＿＿＿＿。 낡은 시계를 팔아야지/팔자.

高(たか)く＿＿＿＿＿＿＿＿＿＿。 비싸게 팔 수 있다.

無理(むり)に＿＿＿＿＿＿＿＿＿＿。 무리하게 팔지 마라.

새단어 安(やす)く 싸게 | ~万円(まんえん) ~만엔 | タバコ 담배 | この 이 | 家(いえ) 집 | 最後(さいご) 마지막 | 今(いま) 지금 | スマホ 스마트폰 | 新(あたら)しい 새롭다 | 買(か)う 사다 | 車(くるま) 자동차 | 古(ふる)い 낡다, 오래되다 | 時計(とけい) 시계 | 高(たか)く 비싸게 | 無理(むり)に 무리하게

走る(はし) 뛰다, 달리다

✎ 제시된 동사를 알맞게 활용하여 빈칸을 채워 보세요.

ゆっくり＿＿＿＿＿＿＿＿＿＿。 천천히 뜁니다.

グラウンドを＿＿＿＿＿＿＿＿＿＿。 그라운드를 달렸습니다.

ほとんど＿＿＿＿＿＿＿＿＿＿。 거의 뛰지 않습니다.

雨(あめ)の日(ひ)は＿＿＿＿＿＿＿＿＿＿。 비 오는 날은 뛰지 않는다.

１ヶ月(かげつ)くらい＿＿＿＿＿＿＿＿＿＿。 1개월 정도 달리지 않았습니다.

＿＿＿＿＿＿＿＿＿＿逃(に)げた。 뛰어서 도망쳤다.

頑張(がんば)って＿＿＿＿＿＿＿＿＿＿。 열심히 뛰었다.

気持(きも)ちよく＿＿＿＿＿＿＿＿＿＿。 기분 좋게 뛰어야지/뛰자.

はやく＿＿＿＿＿＿＿＿＿＿。 빨리 달려라.

3時間(じかん)＿＿＿＿＿＿＿＿＿＿。 3시간 달리게 하다.

새단어 ゆっくり 천천히 | グラウンド 그라운드, 운동장 | ほとんど 거의 | 雨(あめ)の日(ひ) 비 오는 날 | ～ヶ月(かげつ) ~개월 | ～くらい ~정도 | 逃(に)げる 도망치다 | 頑張(がんば)って 열심히 | 気持(きも)ち 기분 | よく 좋게 | はやく 빨리 | ～時間(じかん) ~시간

帰る(かえ) 돌아가다, 돌아오다

✎ 제시된 동사를 알맞게 활용하여 빈칸을 채워 보세요.

今(いま)から＿＿＿＿＿＿＿＿＿＿。 지금부터 돌아갑니다.

2時間前(にじかんまえ)に＿＿＿＿＿＿＿＿＿＿。 2시간 전에 돌아갔습니다.

今日(きょう)は＿＿＿＿＿＿＿＿＿＿。 오늘은 돌아가지 않습니다.

なかなか＿＿＿＿＿＿＿＿＿＿。 좀처럼 돌아가지 않는다.

昨日(きのう)は＿＿＿＿＿＿＿＿＿＿。 어제는 돌아가지 않았습니다.

家(いえ)に＿＿＿＿＿＿宿題(しゅくだい)をする。 집에 돌아가서 숙제를 한다.

さっき＿＿＿＿＿＿＿＿＿＿。 아까 돌아갔다.

もう＿＿＿＿＿＿＿＿＿＿！ 이제 귀가!

9時(くじ)には＿＿＿＿＿＿＿＿＿＿。 9시에는 돌아가야지/돌아가자.

先(さき)に＿＿＿＿＿＿＿＿＿＿。 먼저 돌아가라.

새단어 今(いま)から 지금부터 | ～時間(じかん) ~시간 | ～前(まえ)に ~전에 | 今日(きょう) 오늘 | なかなか 좀처럼 | 家(いえ) 집 | 宿題(しゅくだい) 숙제 | する 하다 | さっき 아까 | もう 이제 | ～時(じ) ~시 | 先(さき)に 먼저

入(はい)る 들어가다, 들어오다

제시된 동사를 알맞게 활용하여 빈칸을 채워 보세요.

風(かぜ)が＿＿＿＿＿＿＿＿＿＿。 바람이 들어옵니다.

大学(だいがく)に＿＿＿＿＿＿＿＿＿＿。 대학에 들어갔습니다.

中(なか)には＿＿＿＿＿＿＿＿＿＿。 안에는 들어가지 않습니다.

せまくて＿＿＿＿＿＿＿＿＿＿。 좁아서 들어가지 않는다.

全部(ぜんぶ)＿＿＿＿＿＿＿＿＿＿。 전부 들어가지 않았습니다.

食堂(しょくどう)に＿＿＿＿＿＿ご飯(はん)を食(た)べた。 식당에 들어가서 밥을 먹었다.

サッカー部(ぶ)に＿＿＿＿＿＿＿＿＿＿。 축구부에 들어갔다.

はやく＿＿＿＿＿＿＿＿＿＿。 빨리 들어가야지/들어가자.

大人(おとな)も＿＿＿＿＿＿＿＿＿＿。 어른도 들어올 수 있다.

かってに＿＿＿＿＿＿＿＿＿＿。 마음대로 들어오지 마라.

새단어 風(かぜ) 바람 | 大学(だいがく) 대학 | 中(なか) 안 | せまい 좁다 | ～くて ~(해)서 | 全部(ぜんぶ) 전부 | 食堂(しょくどう) 식당 | ご飯(はん) 밥 | 食(た)べる 먹다 | サッカー部(ぶ) 축구부 | はやく 빨리, 일찍 | 大人(おとな) 어른 | かってに 마음대로

見る(み) 보다

✎ 제시된 동사를 알맞게 활용하여 빈칸을 채워 보세요.

空(そら)を＿＿＿＿＿＿＿＿＿＿。　하늘을 봅니다.

はじめて＿＿＿＿＿＿＿＿＿＿。　처음으로 봤습니다.

あまり＿＿＿＿＿＿＿＿＿＿。　별로 보지 않습니다.

全然(ぜんぜん)＿＿＿＿＿＿＿＿＿＿。　전혀 보지 않는다.

趣味(しゅみ)はテレビを＿＿＿＿＿＿＿＿だ。　취미는 텔레비전을 보는 것이다.

映画(えいが)を＿＿＿＿＿＿＿＿泣(な)いた。　영화를 보고 울었다.

おととい＿＿＿＿＿＿＿＿＿＿。　그저께 봤다.

アニメを＿＿＿＿＿＿＿＿＿＿。　애니메이션을 보게 한다.

日記(にっき)を＿＿＿＿＿＿＿＿＿＿。　일기를 봄을 당하다(누군가에게 보여지다).

ドラマを＿＿＿＿＿＿＿＿＿＿。　드라마를 (어쩔 수 없이) 본다.

새단어 空(そら) 하늘 | はじめて 처음으로 | あまり 별로 | 全然(ぜんぜん) 전혀 | 趣味(しゅみ) 취미 | テレビ 텔레비전 | 映画(えいが) 영화 | 泣(な)く 울다 | おととい 그저께 | アニメ 애니메이션 | 日記(にっき) 일기 | ドラマ 드라마

着(き)る 입다

✎ 제시된 동사를 알맞게 활용하여 빈칸을 채워 보세요.

ジャケットを＿＿＿＿＿＿＿＿＿＿。 재킷을 입습니다.

久(ひさ)しぶりに＿＿＿＿＿＿＿＿。 오랜만에 입었습니다.

ワンピースは＿＿＿＿＿＿＿＿＿。 원피스는 입지 않습니다.

このシャツは＿＿＿＿＿＿＿＿＿。 이 셔츠는 입지 않는다.

一度(いちど)も＿＿＿＿＿＿＿＿＿＿。 한 번도 입지 않았습니다.

コートを＿＿＿＿＿＿＿＿出(で)かけた。 코트를 입고 외출했다.

スーツを＿＿＿＿＿＿＿＿＿＿＿。 슈트를 입었다.

着物(きもの)を＿＿＿＿＿＿＿＿＿＿。 기모노를 입어야지/입자.

一人(ひとり)で＿＿＿＿＿＿＿＿＿＿。 혼자서 입을 수 있다.

服(ふく)を＿＿＿＿＿＿＿＿＿＿＿。 옷을 입게 하다(입히다).

새단어 ジャケット 재킷 | 久(ひさ)しぶりに 오랜만에 | ワンピース 원피스 | この 이 | シャツ 셔츠 | 一度(いちど)も 한 번도 | コート 코트 | 出(で)かける 외출하다 | スーツ 슈트 | 着物(きもの) 기모노 | 一人(ひとり)で 혼자서 | 服(ふく) 옷

起きる 일어나다

✎ 제시된 동사를 알맞게 활용하여 빈칸을 채워 보세요.

毎朝８時に__________________。	매일 아침 8시에 일어납니다.
少しゆっくり__________________。	조금 천천히 일어났습니다.
なかなか__________________。	좀처럼 일어나지 않습니다.
誰も__________________。	아무도 일어나지 않는다.
まだ__________________。	아직 일어나지 않았습니다.
朝______________ジュースを飲んだ。	아침에 일어나서 주스를 마셨다.
おそく__________________。	늦게 일어났다.
そろそろ__________________。	슬슬 일어나야지/일어나자.
一人で__________________。	혼자서 일어날 수 있다.
はやく__________________。	빨리 일어나라.

새단어 毎朝 매일 아침 | 少し 조금 | ゆっくり 천천히 | なかなか 좀처럼 | 誰も 아무도 | まだ 아직 | 朝 아침 | ジュース 주스 | 飲む 마시다 | おそく 늦게 | そろそろ 슬슬 | 一人で 혼자서 | はやく 빨리

覚(おぼ)える 기억하다, 외우다, 익히다

✎ 제시된 동사를 알맞게 활용하여 빈칸을 채워 보세요.

メールアドレスを＿＿＿＿＿＿＿＿。　메일 주소를 기억합니다.

電話番号(でんわばんごう)を＿＿＿＿＿＿＿＿。　전화번호를 외웠습니다.

やっと＿＿＿＿＿＿＿＿。　겨우 외웠다.

＿＿＿＿＿＿＿＿は難(むずか)しい。　외우는 것은 어렵다.

1日1(いちにちひと)つずつ＿＿＿＿＿＿＿＿。　하루 한 개씩 외워야지/외우자.

すぐ＿＿＿＿＿＿＿＿。　바로 외울 수 있다.

見(み)て＿＿＿＿＿＿＿＿。　보고 외워라.

顔(かお)を＿＿＿＿＿＿＿＿。　얼굴을 기억함 당하다(상대방이 얼굴을 기억하다).

仕事(しごと)を＿＿＿＿＿＿＿＿。　일을 익히게 하다.

漢字(かんじ)を＿＿＿＿＿＿＿＿。　한자를 (억지로) 외우다.

새단어 メールアドレス 메일 주소 | 電話番号(でんわばんごう) 전화번호 | やっと 겨우 | 難(むず)しい 어렵다 | 1日(いちにち) 하루 | 1(ひと)つ 한 개 | ~ずつ ~씩 | すぐ 바로 | 見(み)る 보다 | 顔(かお) 얼굴 | 仕事(しごと) 일 | 漢字(かんじ) 한자

開(あ)ける 열다

✎ 제시된 동사를 알맞게 활용하여 빈칸을 채워 보세요.

今(いま)＿＿＿＿＿＿＿＿＿＿。	지금 엽니다.
店(みせ)を＿＿＿＿＿＿＿＿＿＿。	가게를 열었습니다.
かばんは＿＿＿＿＿＿＿＿＿＿。	가방은 열지 않습니다.
財布(さいふ)を＿＿＿＿＿＿＿＿＿＿。	지갑을 열지 않는다.
ドアを＿＿＿＿＿＿＿＿＿＿。	문을 열지 않았습니다.
窓(まど)を＿＿＿＿＿＿＿＿掃除(そうじ)する。	창문을 열고 청소한다.
ふくろを＿＿＿＿＿＿＿＿＿＿。	봉투를 열었다.
ちょっと＿＿＿＿＿＿＿＿＿＿。	잠깐 열어야지/열자.
軽(かる)く＿＿＿＿＿＿＿＿＿＿。	가볍게 열 수 있다.
箱(はこ)を＿＿＿＿＿＿＿＿＿＿。	상자를 열게 한다.

새단어 今(いま) 지금 | 店(みせ) 가게 | かばん 가방 | 財布(さいふ) 지갑 | ドア 문 | 窓(まど) 창문 | 掃除(そうじ)する 청소하다 | ふくろ 봉투 | ちょっと 잠깐 | 軽(かる)く 가볍게 | 箱(はこ) 상자

忘(わす)れる 잊다

✎ 제시된 동사를 알맞게 활용하여 빈칸을 채워 보세요.

時々(ときどき)＿＿＿＿＿＿＿＿＿＿。 때때로 잊습니다.

もう＿＿＿＿＿＿＿＿＿＿。 벌써 잊었습니다.

ずっと＿＿＿＿＿＿＿＿＿＿。 계속 잊지 않습니다.

けっして＿＿＿＿＿＿＿＿＿＿。 결코 잊지 않는다.

名前(なまえ)だけは＿＿＿＿＿＿＿＿＿＿。 이름만은 잊지 않았습니다.

すっかり＿＿＿＿＿＿＿＿＿＿。 완전히 잊었다.

全部(ぜんぶ)＿＿＿＿＿＿＿＿＿＿。 전부 잊어야지/잊자.

すぐに＿＿＿＿＿＿＿＿＿＿。 바로 잊을 수 있다.

かぎを＿＿＿＿＿＿＿＿＿＿。 열쇠를 잊지 마라.

心配(しんぱい)を＿＿＿＿＿＿＿＿＿＿。 걱정을 잊게 하다.

새단어 時々(ときどき) 때때로 | もう 벌써 | ずっと 계속 | けっして 결코 | 名前(なまえ) 이름 | ～だけ ~만 | すっかり 완전히 | 全部(ぜんぶ) 전부 | すぐに 바로 | かぎ 열쇠 | 心配(しんぱい) 걱정

する 하다

✎ 제시된 동사를 알맞게 활용하여 빈칸을 채워 보세요.

ゲームを＿＿＿＿＿＿＿＿＿＿＿＿。　게임을 합니다.

何(なに)も＿＿＿＿＿＿＿＿＿＿＿＿。　아무것도 하지 않았습니다.

料理(りょうり)を＿＿＿＿＿＿＿＿＿＿＿＿食(た)べる。　요리를 해서 먹는다.

買(か)い物(もの)を＿＿＿＿＿＿＿＿＿＿＿＿。　쇼핑을 했다.

運動(うんどう)＿＿＿＿＿＿＿＿＿＿＿＿。　운동해야지/하자.

誰(だれ)でも＿＿＿＿＿＿＿＿＿＿＿＿。　누구든지 할 수 있다.

じゃま＿＿＿＿＿＿＿＿＿＿＿＿。　방해하지 마라.

勉強(べんきょう)を＿＿＿＿＿＿＿＿＿＿＿＿。　공부를 하게 하다(시키다).

設立(せつりつ)＿＿＿＿＿＿＿＿＿＿＿＿。　설립당하다(설립되다).

びっくり＿＿＿＿＿＿＿＿＿＿＿＿。　깜짝 놀라게 되다.

새단어　ゲーム 게임 | 何(なに)も 아무것도 | 料理(りょうり) 요리 | 食(た)べる 먹다 | 買(か)い物(もの) 쇼핑 | 運動(うんどう) 운동 | 誰(だれ)でも 누구든지 | じゃま 방해 | 勉強(べんきょう) 공부 | 設立(せつりつ) 설립 | びっくりする 깜짝 놀라다

来る(く) 오다

✎ 제시된 동사를 알맞게 활용하여 빈칸을 채워 보세요.

もう一人(ひとり)＿＿＿＿＿＿＿＿＿＿＿＿。　　한 명 더 옵니다.

手紙(てがみ)が＿＿＿＿＿＿＿＿＿＿＿＿。　　편지가 왔습니다.

田中(たなか)さんは＿＿＿＿＿＿＿＿＿＿＿＿。　　다나카씨는 오지 않는다.

パーティーに＿＿＿＿＿＿＿＿＿＿＿＿。　　파티에 오지 않았습니다.

部屋(へや)に＿＿＿＿＿＿＿＿＿＿＿＿遊(あそ)んだ。　　방에 와서 놀았다.

ここに＿＿＿＿＿＿＿＿＿＿＿＿。　　여기에 왔다.

また＿＿＿＿＿＿＿＿＿＿＿＿。　　또 와야지/오자.

一人(ひとり)で＿＿＿＿＿＿＿＿＿＿＿＿。　　혼자서 올 수 있다.

家(いえ)に＿＿＿＿＿＿＿＿＿＿＿＿。　　집에 옴을 당하다(상대방이 오는 것을 원치 않았는데 오다).

会社(かいしゃ)に＿＿＿＿＿＿＿＿＿＿＿＿。　　회사에 (어쩔 수 없이) 오다.

새단어 もう一人(ひとり) 한 명 더 | 手紙(てがみ) 편지 | パーティー 파티 | 部屋(へや) 방 | 遊(あそ)ぶ 놀다 | ここ 여기 | また 또 | 一人(ひとり)で 혼자서 | 家(いえ) 집 | 会社(かいしゃ) 회사

교재에 수록되어 있는 동사가 히라가나 50음도 순으로 수록되어 있어요.
특정 동사가 있는 본문 페이지를 바로 찾아가 보세요.

1그룹 동사			
会う	あう	만나다	38
遊ぶ	あそぶ	놀다	28
洗う	あらう	씻다	62
歩く	あるく	걷다	99
言う	いう	말하다	108
行く	いく	가다	28
急ぐ	いそぐ	서두르다	132
抱く	いだく	(마음 속에) 품다	132
歌う	うたう	노래하다	44
おく	ー	두다, 놓다	47
怒る	おこる	꾸짖다	147
押す	おす	누르다, 밀다	47
泳ぐ	およぐ	수영하다	63
終わる	おわる	끝나다	43
買う	かう	사다	46
帰る	かえる	돌아가다, 돌아오다	126

笑う	わらう	웃다	134

2그룹 동사

開ける	あける	열다	51
浴びる	あびる	(샤워를)하다, 물을 흠뻑 맞다	75
要る	いる	필요하다	30
入れる	いれる	넣다	52
起きる	おきる	일어나다	111
落ちる	おちる	떨어지다	70
覚える	おぼえる	외우다, 익히다, 기억하다	76
降りる	おりる	내리다	95
借りる	かりる	빌리다	54
考える	かんがえる	생각하다	79
決める	きめる	결정하다	87
着る	きる	입다	103
答える	こたえる	대답하다	111
閉める	しめる	닫다	70
知らせる	しらせる	알리다	79

단어 색인

교재에 수록되어 있는 단어가 히라가나 50음도 순으로 수록되어 있어요.
특정 단어가 있는 본문 페이지를 바로 찾아가 보세요.

抱く	いだく	(마음 속에) 품다	132
1時間	いちじかん	1시간	155
1度	いちど	한 번	39
1日	いちにち	하루	83
一日中	いちにちじゅう	하루 종일	45
一番	いちばん	가장, 제일	83
1万円	いちまんえん	만엔	63
一週間	いっしゅうかん	일주일간	45
一緒に	いっしょに	함께, 같이	55
いっぱい	ー	가득	68
いつも	ー	항상, 늘	150
犬	いぬ	개	103
今	いま	지금	127
妹	いもうと	여동생	134
嫌だ	いやだ	싫다	87
入れる	いれる	넣다	54
いろいろと	ー	여러 가지로	151
いろんな	ー	여러 가지	68
受け取る	うけとる	받다	52
嘘	うそ	거짓말	75
歌	うた	노래	116
歌う	うたう	노래하다	94
生まれる	うまれる	태어나다	62
海	うみ	바다	67
うるさい	ー	시끄럽다	127
嬉しい	うれしい	기쁘다	79
運転	うんてん	운전	103
運動	うんどう	운동	139
エアコン	えあこん	에어컨	36
映画	えいが	영화	23
映画館	えいがかん	영화관	63
英語	えいご	영어	109
英単語	えいたんご	영어 단어	76
駅	えき	역	95

多い	おおい	많다	83
大きい	おおきい	크다	99
大声	おおごえ	큰 소리	123
大阪	おおさか	오사카	29
お金	おかね	돈	52
おかゆ	ー	죽	156
起きる	おきる	일어나다	31
押す	おす	누르다/밀다	47
夫	おっと	남편	135
弟	おとうと	남동생	142
おにぎり	ー	주먹밥	46
覚える	おぼえる	외우다, 익히다, 기억하다	76
お前	おまえ	너	133
思い出す	おもいだす	떠올리다, 생각해내다	87
親	おや	부모	143
お湯	おゆ	뜨거운 물	59
オリンピック	おりんぴっく	올림픽	143
音楽	おんがく	음악	86

か

カーテン	かーてん	커튼	70
カード	かーど	카드	85
外国人	がいこくじん	외국인	142
開催	かいさい	개최	143
会社	かいしゃ	회사	53
買う	かう	사다	68
帰る	かえる	돌아가다, 돌아오다	126
顔	かお	얼굴	67
書く	かく	쓰다, 적다	102
隠す	かくす	감추다	84
学生	がくせい	학생	86
かける	ー	걸다	47
傘	かさ	우산	46

風邪	かぜ	감기	156
家族	かぞく	가족	44
かたい	ー	딱딱하다	110
学校	がっこう	학교	156
勝手に	かってに	제멋대로	142
カップめん	かっぷめん	컵라면	60
悲しい	かなしい	슬프다	47
可能性	かのうせい	가능성	70
彼女	かのじょ	그녀, 여자친구	71
カフェ	かふぇ	카페	157
噛む	かむ	씹다, 물다	100
~から	ー	~니까, ~므로	124
~から	ー	~에서, ~부터	70
~から	ー	~에게서	45
~から	ー	~로부터	142
カラオケ	からおけ	노래방	44
軽く	かるく	가볍게	77
彼	かれ	그	110
漢字	かんじ	한자	108
簡単だ	かんたんだ	간단하다	100
簡単に	かんたんに	간단하게	109
感動する	かんどうする	감동하다	151
乾杯	かんぱい	건배	51
聞く	きく	듣다/묻다	86
汚い	きたない	더럽다	36
昨日	きのう	어제	38
気持ち	きもち	기분, 마음	123
着物	きもの	기모노(일본전통옷)	103
キャラクター	きゃらくたー	캐릭터	116
牛乳	ぎゅうにゅう	우유	51
今日	きょう	오늘	71
餃子	ぎょうざ	만두	51
キロ	きろ	킬로(그램, 미터)	61

空港	くうこう	공항	71
薬	くすり	약	110
くつ	ー	신발	51
グッズ	ぐっず	굿즈	68
~くて	ー	~(해)서	110
曇り	くもり	흐림	79
曇る	くもる	흐리다	84
~くらい	ー	~정도	107
クラス	くらす	클래스	71
グラス	ぐらす	잔	51
来る	くる	오다	55
車	くるま	자동차	103
クレジットカード	くれじっとかーど	신용카드	115
詳しく	くわしく	상세하게	99
計画	けいかく	계획	92
ケーキ	けーき	케이크	46
ゲーム	げーむ	게임	55
今朝	けさ	오늘 아침	31
結婚	けっこん	결혼	95
喧嘩	けんか	싸움	127
現金	げんきん	현금	63
~個	~こ	~개	76
公園	こうえん	공원	28
合格	ごうかく	합격	92
声	こえ	목소리	99
コート	こーと	코트	47
コーヒー	こーひー	커피	54
コーラ	こーら	콜라	61
氷	こおり	얼음	59
ここ	ー	여기	103
答え	こたえ	답	118
答える	こたえる	답하다	111
こっち	ー	이쪽	119

質問	しつもん	질문	92
自転車	じてんしゃ	자전거	91
自分	じぶん	자신	70
自分で	じぶんで	스스로	87
写真	しゃしん	사진	143
シャワー	しゃわー	샤워	55
自由に	じゆうに	자유롭게	139
宿題	しゅくだい	숙제	27
趣味	しゅみ	취미	86
準備	じゅんび	준비	95
紹介	しょうかい	소개	116
小説	しょうせつ	소설	59
少年	しょうねん	소년	132
ジョギング	じょぎんぐ	조깅	55
食事	しょくじ	식사	62
女性	じょせい	여성	36
知り合い	しりあい	아는 사람	63
資料	しりょう	자료	77
スイッチ	すいっち	스위치	47
スープ	すーぷ	스프	60
すぐ	―	바로	127
すぐに	―	곧바로	118
少し	すこし	조금, 약간	67
すすめる	―	추천하다	36
捨てる	すてる	버리다	124
スピーチ	すぴーち	스피치, 연설	151
滑る	すべる	미끄러지다	63
スマホ	すまほ	스마트폰	143
すらすら	―	술술	108
する	―	하다	23
する	―	(뚜껑을) 덮다, 하다	60
座る	すわる	앉다	94
正解	せいかい	정답	84
席	せき	자리	52

誰も	だれも	아무도	31
小さい	ちいさい	작다	155
近く	ちかく	근처	28
チケット	ちけっと	티켓	52
父	ちち	아빠, 아버지	135
ちゃんと	ー	제대로	131
中国語	ちゅうごくご	중국어	110
注文	ちゅうもん	주문	44
ちょっと	ー	잠깐, 조금	94
次	つぎ	다음	95
つく	ー	켜지다	36
作り方	つくりかた	만드는 방법	60
つける	ー	켜다	47
都合	つごう	사정, 형편	150
つれる	ー	데리고 오다, 동반하다	143
手	て	손	62
～で	ー	~로, ~으로	134
～で	ー	~에서	156
ディズニーストア	でぃずにーすとあ	디즈니 스토어	68
デート	でーと	데이트	63
テーブル	てーぶる	테이블	70
できる	ー	생기다	55
できる	ー	할 수 있다	100
～では	ー	~에서는	117
～でも	ー	~에서도	110
～でも	ー	~(이)라도	37
テレビ	てれび	텔레비전	87
店員	てんいん	점원	52
天気	てんき	날씨	99
電気	でんき	전등	47
電車	でんしゃ	전철	54
電話	でんわ	전화	27

ま

毎週	まいしゅう	매주	151
毎日	まいにち	매일	150
毎晩	まいばん	매일 밤	53
前	まえ	앞, 전	71
まず	ー	먼저	61
また	ー	또, 다시	95
まだ	ー	아직	31
待つ	まつ	기다리다	52
~まで	ー	~까지	87
窓	まど	창문	54
マンション	まんしょん	맨션	117
ミス	みす	실수	147
水	みず	물	43
道	みち	길	142
ミラクル	みらくる	미라클, 기적	35
見る	みる	보다	23
みんな	ー	모두	71
みんなで	ー	다같이, 모두 함께	53
向こう	むこう	저쪽, 맞은 편	126
難しい	むずかしい	어렵다	139
息子	むすこ	아들	140
娘	むすめ	딸	140
無理	むり	무리	119
無理やり	むりやり	억지로, 무리하게	143
メール	めーる	메일	140
メッセージ	めっせーじ	메시지	63
~も	ー	~도	156
~も	ー	~이나	156
もう	ー	이제	119
もう少し	もうすこし	조금 더	101
文字	もじ	글자, 문자	84
持つ	もつ	가지다, 들다	135
持ってくる	もってくる	가져오다	77
もっと	ー	좀 더, 더욱	101

모범답안

01 일본어 동사의 특징

MINI TEST 1, 2, 3그룹 동사 개념 정리

① う, く, ぐ, す, つ, ぬ, ぶ, む

② る, あ, う, お

③ る, い, え

④ する, くる

1, 2, 3그룹 동사 확실하게 익히기

1

① 1그룹

② 2그룹

③ 1그룹

④ 예외 1그룹

⑤ 3그룹

⑥ 1그룹

⑦ 3그룹

2

① あう 1그룹

② きる 예외 1그룹

③ まつ 1그룹

④ くる 3그룹

⑤ たべる 2그룹

⑥ よむ 1그룹

⑦ うる 1그룹

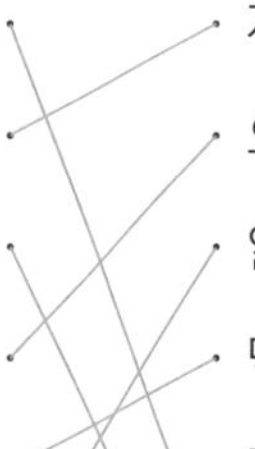

자르다

오다

읽다

먹다

팔다

만나다

기다리다

3

① うれ ▶ うる

② よみ ▶ よむ

③ およげ ▶ およぐ

④ きる ▶ くる

⑤ たびる ▶ たべる

4

① まつ

② きる

③ みる

④ する

⑤ あそぶ

02 일본어 주요 동사 활용 미리보기 ①

MINI TEST ます형 활용

① 会(あ)います　会(あ)いました

② 食(た)べます　食(た)べました

③ します　しました

① あそびません　あそびませんでした

② 来(き)ません　来(き)ませんでした

③ ねません　ねませんでした

MINI TEST ない형 활용

① のまない　のまないです

② いない　いないです

③ しない　しないです

① おりなかった　おりなかったです

② 話(はな)さなかった　話(はな)さなかったです

③ 来(こ)なかった　来(こ)なかったです

03 일본어 주요 동사 활용 미리보기 ②

MINI TEST て형 활용

① 会(あ)って

② ねて

③ して

④ よんで

⑤ かいて

⑥ おして

⑦ 行(い)って

⑧ 来(き)て

⑨ おきて

⑩ のんで

MINI TEST た형 활용

① うった

② よんだ

③ おりた

④ いそいだ

⑤ 来(き)た

⑥ 出(だ)した

⑦ した

⑧ あるいた

⑨ 忘(わす)れた

⑩ まった

PART 2

04 존댓말을 만들 때 쓰는 ます형 ①

STEP 1

行(い)きます 갑니다	行(い)きました 갔습니다
待(ま)ちます 기다립니다	待(ま)ちました 기다렸습니다
乗(の)ります 탑니다	乗(の)りました 탔습니다
遊(あそ)びます 놉니다	遊(あそ)びました 놀았습니다
会(あ)います 만납니다	会(あ)いました 만났습니다
帰(かえ)ります 돌아갑니다, 돌아옵니다	帰(かえ)りました 돌아갔습니다, 돌아왔습니다
飲(の)みます 마십니다	飲(の)みました 마셨습니다
話(はな)します 이야기합니다	話(はな)しました 이야기했습니다
泳(およ)ぎます 수영합니다	泳(およ)ぎました 수영했습니다
切(き)ります 자릅니다	切(き)りました 잘랐습니다
見(み)ます 봅니다	見(み)ました 봤습니다
食(た)べます 먹습니다	食(た)べました 먹었습니다
寝(ね)ます 잡니다	寝(ね)ました 잤습니다
着(き)ます 입습니다	着(き)ました 입었습니다
します 합니다	しました 했습니다
来(き)ます 옵니다	来(き)ました 왔습니다

STEP 2

1. 書(か)きました
2. 見(み)ます
3. 話(はな)しました
4. 遊(あそ)びました
5. しました
6. 来(き)ます

STEP 3

1. いきました
2. あそびました
3. きます

STEP 4

1. せんぱいに久(ひさ)しぶりにメールを書(か)きました
2. いつもネットフリックスで映画(えいが)を見(み)ます
3. さっき電話(でんわ)で話(はな)しました
4. 昨日(きのう)は家(いえ)で弟(おとうと)と遊(あそ)びました
5. 今日(きょう)はリビングで宿題(しゅくだい)をしました
6. 明日(あした)は大阪(おおさか)から友(とも)だちが来(き)ます

05 존댓말을 만들 때 쓰는 ます형 ②

STEP 1

行きません 가지 않습니다	行きませんでした 가지 않았습니다
待ちません 기다리지 않습니다	待ちませんでした 기다리지 않았습니다
乗りません 타지 않습니다	乗りませんでした 타지 않았습니다
遊びません 놀지 않습니다	遊びませんでした 놀지 않았습니다
会いません 만나지 않습니다	会いませんでした 만나지 않았습니다
帰りません 돌아가지 않습니다, 돌아오지 않습니다	帰りませんでした 돌아가지 않았습니다, 돌아오지 않았습니다
飲みません 마시지 않습니다	飲みませんでした 마시지 않았습니다
話しません 이야기하지 않습니다	話しませんでした 이야기하지 않았습니다
泳ぎません 수영하지 않습니다	泳ぎませんでした 수영하지 않았습니다
切りません 자르지 않습니다	切りませんでした 자르지 않았습니다
見ません 보지 않습니다	見ませんでした 보지 않았습니다
食べません 먹지 않습니다	食べませんでした 먹지 않았습니다
寝ません 자지 않습니다	寝ませんでした 자지 않았습니다
着ません 입지 않습니다	着ませんでした 입지 않았습니다
忘れません 잊지 않습니다	忘れませんでした 잊지 않았습니다
しません 하지 않습니다	しませんでした 하지 않았습니다
来ません 오지 않습니다	来ませんでした 오지 않았습니다

STEP 2

1. 寝ません
2. 行きません
3. 起きませんでした
4. 飲みません
5. 買いませんでした
6. しません

STEP 3

1. しません
2. つきませんでした
3. すすめません

STEP 4

1. 明日は休みだからまだ寝ません
2. 土曜日は学校に行きません
3. やっぱりミラクルは起きませんでした
4. 私は冬でもアイスコーヒーしか飲みません
5. 値段が高くて何も買いませんでした
6. 料理はあまりしません

06 부정형을 만들 때 쓰는 ない형

STEP 1

行かない 가지 않는다	行かなかった 가지 않았다
待たない 기다리지 않는다	待たなかった 기다리지 않았다
乗らない 타지 않는다	乗らなかった 타지 않았다
遊ばない 놀지 않는다	遊ばなかった 놀지 않았다
会わない 만나지 않는다	会わなかった 만나지 않았다
帰らない 돌아가지 않는다, 돌아오지 않는다	帰らなかった 돌아가지 않았다, 돌아오지 않았다
飲まない 마시지 않는다	飲まなかった 마시지 않았다
話さない 이야기하지 않는다	話さなかった 이야기하지 않았다
泳がない 수영하지 않는다	泳がなかった 수영하지 않았다
切らない 자르지 않는다	切らなかった 자르지 않았다
見ない 보지 않는다	見なかった 보지 않았다
食べない 먹지 않는다	食べなかった 먹지 않았다
寝ない 자지 않는다	寝なかった 자지 않았다
着ない 입지 않는다	着なかった 입지 않았다
しない 하지 않는다	しなかった 하지 않았다
来ない 오지 않는다	来なかった 오지 않았다

STEP 2

1. 会わなかったです
2. 飲まなかった
3. まけない
4. 終わらなかった
5. 来ないです
6. しなかったです

STEP 3

1. いかなかったです
2. うたわないです
3. しなかったです

STEP 4

1. 今週は誰にも会わなかったです
2. 一日中水を飲まなかった
3. やる気だけは誰にもまけない
4. 今日も仕事が終わらなかった
5. 彼から1週間れんらくが来ないです
6. 昨日はぜんぜんべんきょうしなかったです

07 '~(하)고/~(해)서'라는 의미의 て형(1그룹)

STEP 1

会って 만나고/만나서
買って 사고/사서
待って 기다리고/기다려서
持って 들고/들어서, 가지고/가져서
帰って 돌아가고/돌아가서, 돌아오고/돌아와서
乗って 타고/타서
終わって 끝나고/끝나서
死んで 죽고/죽어서
飲んで 마시고/마셔서
読んで 읽고/읽어서
遊んで 놀고/놀아서
呼んで 부르고/불러서
行って 가고/가서
書いて 쓰고/써서
聞いて 듣고/들어서, 묻고/물어서
泳いで 수영하고/수영해서
急いで 서두르고/서둘러서
出して 내고/내서, 제출하고/제출해서
話して 이야기하고/이야기해서

STEP 2

1. おいて
2. 作って
3. 押して
4. ぬいで
5. 持って
6. 飲んで

STEP 3

1. えらんで
2. おして
3. すわって

STEP 4

1. 会社にスマホをおいてきました
2. ぎょうざを作ってみんなで食べました
3. ボタンを押してドアを開けます
4. くつをぬいで家に入ります
5. みんなでグラスを持ってかんぱいします
6. 毎晩温かい牛にゅうを飲んで寝ます

08 '~(하)고/~(해)서'라는 의미의 て형(2, 3그룹)

STEP 1

見て 보고/봐서

着て 입고/입어서

起きて 일어나고/일어나서

降りて 내리고/내려서

信じて 믿고/믿어서

食べて 먹고/먹어서

寝て 자고/자서

出て 나가고/나가서, 나오고/나와서

教えて 가르치고/가르쳐서

忘れて 잊고/잊어서

覚えて 외우고/외워서

おくれて 늦고/늦어서

集めて 모으고/모아서

決めて 정하고/정해서

して 하고/해서

来て 오고/와서

STEP 2

1. 降りて
2. して
3. 入れて
4. 開けて
5. つけて
6. 借りて

STEP 3

1. あけて
2. いれて
3. して

STEP 4

1. バスを降りて会社まではしりました
2. ダイエットして10キロやせました
3. いつもコーラに氷を入れて飲む
4. まずカップめんのふたを開けておゆを入れる
5. 暑くてエアコンをつけて寝る
6. せんぱいに小説を借りてよみました

09 과거형을 만들 때 쓰는 た형(1그룹)

STEP 1

会(あ)った 만났다
買(か)った 샀다
待(ま)った 기다렸다
持(も)った 들었다, 가졌다
帰(かえ)った 돌아갔다, 돌아왔다
乗(の)った 탔다
終(お)わった 끝났다
死(し)んだ 죽었다
飲(の)んだ 마셨다
読(よ)んだ 읽었다
遊(あそ)んだ 놀았다
呼(よ)んだ 불렀다
行(い)った 갔다
書(か)いた 썼다
聞(き)いた 들었다, 물었다
泳(およ)いだ 수영했다
急(いそ)いだ 서둘렀다
出(だ)した 냈다, 제출했다
話(はな)した 이야기했다

STEP 2

1. 死(し)んだ
2. ぬすんだ
3. 洗(あら)った
4. のこした
5. 泳(およ)いだ
6. かった

STEP 3

1. いった
2. あそんだ
3. かった

STEP 4

1. 友(とも)だちがじこで死(し)んだ
2. どろぼうがダイヤをぬすんだ
3. 冷水(れいすい)でかおを洗(あら)った
4. ごはんを少(すこ)しのこした
5. 今日(きょう)はじめて海(うみ)で泳(およ)いだ
6. 日本(にほん)が２対(たい)１でかった

10 과거형을 만들 때 쓰는 た형(2, 3그룹)

STEP 1

見(み)た 봤다
着(き)た 입었다
起(お)きた 일어났다
降(お)りた 내렸다
借(か)りた 빌렸다
食(た)べた 먹었다
寝(ね)た 잤다
出(で)た 나갔다, 나왔다
教(おし)えた 가르쳤다
忘(わす)れた 잊었다
覚(おぼ)えた 외웠다
生(う)まれた 태어났다
始(はじ)めた 시작했다
した 했다
来(き)た 왔다

STEP 2

1. 忘(わす)れた
2. 出(で)かけた
3. 信(しん)じた
4. した
5. 見(み)つけた
6. 浴(あ)びた

STEP 3

1. おぼえた
2. した
3. みた

STEP 4

1. しゅくだいを持(も)ってくるのを忘(わす)れた
2. 母(はは)とさんぽに出(で)かけた
3. 父(ちち)は兄(あに)のうそを信(しん)じた
4. しりょうをコピーした
5. 新(あたら)しい仕事(しごと)を見(み)つけた
6. 軽(かる)くシャワーを浴(あ)びた

11 동사의 명사화 (동사로 명사 만들기) ①

STEP 1

匂い 냄새
迷い 망설임
泳ぎ 수영
遊び 놀이
喜び 기쁨
痛み 통증
悩み 고민
休み 쉼, 휴식, 휴일
踊り 춤
残り 나머지
集まり 모임
疲れ 피로
負け 패배
助け 도움
いじめ 괴롭힘
考え 생각

STEP 2

1. 考え
2. かち
3. たすけ
4. 答え
5. はれ
6. 休み

STEP 3

1. あそび
2. こたえ
3. くもり

STEP 4

1. 兄は考えがあさい
2. 最後にカードがいちばん多い人がかちです
3. みんなのたすけが必要です
4. しつもんの答えがわからない
5. 今日の天気ははれです
6. 今月は休みが１日しかない

12 동사의 명사화 (동사로 명사 만들기) ②

STEP 1

行くこと 가는 것	行ったこと 간 것
待つこと 기다리는 것	待ったこと 기다린 것
乗ること 타는 것	乗ったこと 탄 것
遊ぶこと 노는 것	遊んだこと 논 것
会うこと 만나는 것	会ったこと 만난 것
帰ること 돌아가는 것, 돌아오는 것	帰ったこと 돌아간 것, 돌아온 것
飲むこと 마시는 것	飲んだこと 마신 것
話すこと 이야기하는 것	話したこと 이야기한 것
泳ぐこと 수영하는 것	泳いだこと 수영한 것
見ること 보는 것	見たこと 본 것
食べること 먹는 것	食べたこと 먹은 것
寝ること 자는 것	寝たこと 잔 것
着ること 입는 것	着たこと 입은 것
忘れること 잊는 것	忘れたこと 잊은 것
すること 하는 것	したこと 한 것
来ること 오는 것	来たこと 온 것

STEP 2

1. 決めること
2. すること
3. 見ること
4. はしること
5. なおすこと
6. 聞くこと

STEP 3

1. たてること
2. はなすこと
3. したこと

STEP 4

1. 私は何かを決めることが苦手です
2. 毎日ふくしゅうをすることが大切です
3. しゅみは日本のアニメーションを見ることです
4. はしることはとても楽しいです
5. じてんしゃのパンクをなおすことを忘れた
6. 彼は他の人の話を聞くことがとくいです

13 '~(해)야지'라는 의미의 의지형 • '~(하)자'라는 의미의 권유형

STEP 1

行(い)こう 가야지/가자
待(ま)とう 기다려야지/기다리자
乗(の)ろう 타야지/타자
遊(あそ)ぼう 놀아야지/놀자
会(あ)おう 만나야지/만나자
帰(かえ)ろう 돌아가야지/돌아가자, 돌아와야지/돌아오자
飲(の)もう 마셔야지/마시자
話(はな)そう 이야기해야지/이야기하자
泳(およ)ごう 수영해야지/수영하자
見(み)よう 봐야지/보자
食(た)べよう 먹어야지/먹자
寝(ね)よう 자야지/자자
着(き)よう 입어야지/입자
忘(わす)れよう 잊어야지/잊자
しよう 해야지/하자
来(こ)よう 와야지/오자

STEP 2

1. はじめよう
2. 歌(うた)おう
3. 来(こ)よう
4. しらべよう
5. さんぽしよう
6. あるこう

STEP 3

1. たべよう
2. のもう
3. しよう

STEP 4

1. ダイエットは明日(あした)からはじめよう
2. もっと大(おお)きいこえで歌(うた)おう
3. またあとで来(こ)よう
4. もう少(すこ)しくわしくしらべよう
5. 今日(きょう)は天気(てんき)がいいからさんぽしよう
6. 足(あし)がいたいからゆっくりあるこう

14 '~(할) 수 있다'라는 의미의 가능형 ①

STEP 1

行くことができる 갈 수 있다	行くことができない 갈 수 없다
待つことができる 기다릴 수 있다	待つことができない 기다릴 수 없다
乗ることができる 탈 수 있다	乗ることができない 탈 수 없다
遊ぶことができる 놀 수 있다	遊ぶことができない 놀 수 없다
会うことができる 만날 수 있다	会うことができない 만날 수 없다
帰ることができる 돌아갈 수 있다, 돌아올 수 있다	帰ることができない 돌아갈 수 없다, 돌아올 수 없다
飲むことができる 마실 수 있다	飲むことができない 마실 수 없다
話すことができる 이야기할 수 있다	話すことができない 이야기할 수 없다
泳ぐことができる 수영할 수 있다	泳ぐことができない 수영할 수 없다
見ることができる 볼 수 있다	見ることができない 볼 수 없다
食べることができる 먹을 수 있다	食べることができない 먹을 수 없다
寝ることができる 잘 수 있다	寝ることができない 잘 수 없다
着ることができる 입을 수 있다	着ることができない 입을 수 없다
忘れることができる 잊을 수 있다	忘れることができない 잊을 수 없다
することができる 할 수 있다	することができない 할 수 없다
来ることができる 올 수 있다	来ることができない 올 수 없다

STEP 2

1. 走ることができる
2. 着ることができる
3. 書くことができない
4. はこぶことができない
5. 利用することができる
6. 聞くことができる

STEP 3

1. よむことができる
2. かくことができる
3. いうことができない

STEP 4

1. 私は３キロくらい走ることができる
2. ゆかたは一人で着ることができる
3. 英語で長いぶんしょうは書くことができない
4. 一度にぜんぶはこぶことができない
5. だれでもかんたんに利用することができる
6. スマホで音楽を聞くことができる

15 '~(할) 수 있다'라는 의미의 가능형 ②

STEP 1

行(い)ける 갈 수 있다	行(い)けない 갈 수 없다
待(ま)てる 기다릴 수 있다	待(ま)てない 기다릴 수 없다
乗(の)れる 탈 수 있다	乗(の)れない 탈 수 없다
遊(あそ)べる 놀 수 있다	遊(あそ)べない 놀 수 없다
会(あ)える 만날 수 있다	会(あ)えない 만날 수 없다
帰(かえ)れる 돌아갈 수 있다, 돌아올 수 있다	帰(かえ)れない 돌아갈 수 없다, 돌아올 수 없다
飲(の)める 마실 수 있다	飲(の)めない 마실 수 없다
話(はな)せる 이야기할 수 있다	話(はな)せない 이야기할 수 없다
泳(およ)げる 수영할 수 있다	泳(およ)げない 수영할 수 없다
見(み)られる 볼 수 있다	見(み)られない 볼 수 없다
食(た)べられる 먹을 수 있다	食(た)べられない 먹을 수 없다
寝(ね)られる 잘 수 있다	寝(ね)られない 잘 수 없다
着(き)られる 입을 수 있다	着(き)られない 입을 수 없다
忘(わす)れられる 잊을 수 있다	忘(わす)れられない 잊을 수 없다
できる 할 수 있다	できない 할 수 없다
来(こ)られる 올 수 있다	来(こ)られない 올 수 없다

STEP 2

1. 使(つか)える
2. 話(はな)せない
3. できる
4. 買(か)えない
5. 来(こ)られない
6. 答(こた)えられる

STEP 3

1. うたえる
2. おぼえられる
3. できる

STEP 4

1. ここではクレジットカードが使(つか)える
2. 恥(は)ずかしくて誰(だれ)にも話(はな)せない
3. 中学生(ちゅうがくせい)もアルバイトができる
4. マンションが高(たか)くて買(か)えない
5. 忙(いそが)しくてなかなか来(こ)られない
6. 学生(がくせい)のしつもんに答(こた)えられる

16 '~(하)지 마라'라는 의미의 금지형

STEP 1

行(い)くな 가지 마라
待(ま)つな 기다리지 마라
乗(の)るな 타지 마라
遊(あそ)ぶな 놀지 마라
会(あ)うな 만나지 마라
帰(かえ)るな 돌아가지 마라, 돌아오지 마라
飲(の)むな 마시지 마라
話(はな)すな 이야기하지 마라
泳(およ)ぐな 수영하지 마라
見(み)るな 보지 마라
食(た)べるな 먹지 마라
寝(ね)るな 자지 마라
着(き)るな 입지 마라
忘(わす)れるな 잊지 마라
するな 하지 마라
来(く)るな 오지 마라

STEP 2

1. 忘(わす)れるな
2. 聞(き)くな
3. 来(く)るな
4. 話(はな)すな
5. 吸(す)うな
6. 走(はし)るな

STEP 3

1. はいるな
2. のぼるな
3. すてるな

STEP 4

1. 今(いま)のそのきもちを忘(わす)れるな
2. そんなかんたんなことを聞(き)くな
3. 危(あぶ)ないからこっちに来(く)るな
4. そんな大声(おおごえ)で話(はな)すな
5. ここでタバコを吸(す)うな
6. そんなにはやく走(はし)るな

17 '~(해)라'라는 의미의 명령형

STEP 1

行け 가라

待て 기다려라

乗れ 타라

遊べ 놀아라

言え 말해라

帰れ 돌아가라, 돌아와라

飲め 마셔라

話せ 이야기해라

泳げ 수영해라

見ろ 봐라

食べろ 먹어라

寝ろ 자라

着ろ 입어라

忘れろ 잊어라

しろ 해라

来い 와라

STEP 2

1. 待て
2. 見ろ
3. 行け
4. 起きろ
5. べんきょうしろ
6. かえれ

STEP 3

1. いそげ
2. わたれ
3. いだけ

STEP 4

1. おまえはここで待て
2. 前をよく見ろ
3. はやくどっか行け
4. もう朝だ、起きろ
5. もっとちゃんとべんきょうしろ
6. 今日はもうかえれ

18 '~(하)게 하다'라는 의미의 사역형

STEP 1

行かせる 가게 하다
待たせる 기다리게 하다
乗らせる 타게 하다
遊ばせる 놀게 하다
会わせる 만나게 하다
帰らせる 돌아가게 하다, 돌아오게 하다
飲ませる 마시게 하다
話させる 이야기하게 하다
泳がせる 수영하게 하다
見させる 보게 하다
食べさせる 먹게 하다
寝させる 자게 하다
着させる 입게 하다
忘れさせる 잊게 하다
させる 하게 하다
来させる 오게 하다

STEP 2

1. つづけさせる
2. 呼ばせる
3. 来させる
4. 困らせる
5. 使わせる
6. させる

STEP 3

1. たべさせる
2. させる
3. よませる

STEP 4

1. むすこにうんどうをつづけさせる
2. 夫にタクシーを呼ばせる
3. 友だちを家まで来させる
4. 難しい質問をして父を困らせる
5. 子どもにスマホを自由に使わせる
6. むすめにピアノのれんしゅうをさせる

19 '~당하다'라는 의미의 수동형

STEP 1

歌われる 노래함을 당하다(노래가 불려지다)
書かれる 쓰임 당하다(쓰여지다)
騒がれる 떠듦 당하다(화제가 되다)
壊される 부숨 당하다(부서지다)
待たれる 기다림 당하다
死なれる 죽음 당하다
呼ばれる 부름 당하다(불리다)
かまれる 물림 당하다(물리다)
作られる 만듦 당하다(만들어지다)
見られる 보임 당하다(보여지다)
ほめられる 칭찬 당하다(칭찬받다)
捨てられる 버림 당하다(버려지다)
感じられる 느낌 당하다(느껴지다)
忘れられる 잊음 당하다(잊히다)
される 함을 당하다(~되다)
来られる 옴을 당하다

STEP 2

1. ほめられる
2. おこられる
3. 注意される
4. たてられる
5. 聞かれる
6. 来られる

STEP 3

1. される
2. よばれる
3. いわれる

STEP 4

1. あねはいつも父にほめられる
2. ミスをしてせんぱいにおこられる
3. 毎朝先生に注意される
4. 来年ここにホテルがたてられる
5. よくれんらくさきを聞かれる
6. 毎晩友だちに家に来られる

20 '(어쩔 수 없이 • 억지로) ~(하)다'라는 의미의 사역수동형

STEP 1

行かされる (어쩔 수 없이/억지로) 가다
待たされる (어쩔 수 없이/억지로) 기다리다
座らされる (어쩔 수 없이/억지로) 앉다
遊ばされる (어쩔 수 없이/억지로) 놀다
会わされる (어쩔 수 없이/억지로) 만나다
帰らされる (어쩔 수 없이/억지로) 돌이기다, 돌아오다
飲まされる (어쩔 수 없이/억지로) 마시다
話させられる (어쩔 수 없이/억지로) 이야기하다
脱がされる (어쩔 수 없이/억지로) 벗다
見させられる (어쩔 수 없이/억지로) 보다
食べさせられる (어쩔 수 없이/억지로) 먹다
寝させられる (어쩔 수 없이/억지로) 자다
着させられる (어쩔 수 없이/억지로) 입다
忘れさせられる (어쩔 수 없이/억지로) 잊다
させられる (어쩔 수 없이/억지로) 하다
来させられる (어쩔 수 없이/억지로) 오다

STEP 2

1. 手伝わされる
2. 来させられる
3. 食べさせられる
4. 待たされる
5. 話させられる
6. れんしゅうさせられる

STEP 3

1. またされる
2. こさせられる
3. たべさせられる

STEP 4

1. 毎週弟のしゅくだいを手伝わされる
2. いつも部長に飲み会に来させられる
3. 毎日父にやさいを食べさせられる
4. カフェで１時間も待たされる
5. 先生に小さい声で話させられる
6. 今日も母にピアノをれんしゅうさせられる

買う 사다

買います	삽니다
買いました	샀습니다
買いません	사지 않습니다
買わない	사지 않는다
買いませんでした/ 買わなかったです	사지 않았습니다
買って	사서
買った	샀다
買おう	사야지/사자
買うことができる・ 買える	살 수 있다
買わされる	(어쩔 수 없이) 산다

行く 가다

行きます	갑니다
行きました	갔습니다
行きませんでした/ 行かなかったです	가지 않았습니다
行かない	가지 않는다
行って	가서
行った	갔다
行こう	가야지/가자
行くことができる/ 行ける	갈 수 있다
行かせる	가게 한다
行かされる	(어쩔 수 없이) 간다

泳ぐ 수영하다, 헤엄치다

泳ぎます	헤엄칩니다
泳ぎました	수영했습니다
泳ぎませんでした/ 泳がなかったです	수영하지 않았습니다
泳がなかった	수영하지 않았다
泳いで	수영해서
泳いだ	수영했다
泳ぐこと	수영하는 것
泳ごう	수영해야지/수영하자
泳ぐことができる/ 泳げる	헤엄칠 수 있다
泳ぐな	수영하지 마라

話す 이야기하다

話します	이야기합니다
話しました	이야기했습니다
話しません/ 話さないです	이야기하지 않습니다
話さない	이야기하지 않는다
話しませんでした/ 話さなかったです	이야기하지 않았습니다
話して	이야기해서
話した	이야기했다
話そう	이야기해야지/ 이야기하자
話すことができる/ 話せる	이야기할 수 있다
話すな	이야기하지 마라

待つ 기다리다

待ちます	기다립니다
待ちました	기다렸습니다
待ちません/ 待たないです	기다리지 않습니다
待たない	기다리지 않는다
待たなかった	기다리지 않았다
待って	기다려서
待った	기다렸다
待とう	기다려야지/기다리자
待つことができる/ 待てる	기다릴 수 있다
待たされる	(어쩔 수 없이) 기다린다

休む 쉬다

休みます	쉽니다
休みました	쉬었습니다
休みません/ 休まないです	쉬지 않습니다
休んで	쉬고
休んだ	쉬었다
休むこと	쉬는 것
休もう	쉬어야지/쉬자
休め	쉬어라
休ませる	쉬게 하다
休まされる	(어쩔 수 없이) 쉰다

遊ぶ 놀다

遊びます	놉니다
遊びました	놀았습니다
遊びません/ 遊ばないです	놀지 않습니다
遊ばない	놀지 않는다
遊びませんでした/ 遊ばなかったです	놀지 않았습니다
遊んで	놀고
遊んだ	놀았다
遊ぼう	놀아야지/놀자
遊ぶことができる/ 遊べる	놀 수 있다
遊ばせる	놀게 한다

飲む 마시다

飲みます	마십니다
飲みました	마셨습니다
飲みません/ 飲まないです	마시지 않습니다
飲まない	마시지 않는다
飲みませんでした/ 飲まなかったです	마시지 않았습니다
飲んで	마시고
飲んだ	마셨다
飲もう	마셔야지/마시자
飲ませる	마시게 한다
飲まされる	(어쩔 수 없이/억지로) 마신다

売(う)る 팔다

売(う)ります	팝니다
売(う)りました	팔았습니다
売(う)りません 売(う)らないです	팔지 않습니다
売(う)らない	팔지 않는다
売(う)りませんでした/ 売(う)らなかったです	팔지 않았습니다
売(う)って	팔고
売(う)った	팔았다
売(う)ろう	팔아야지/팔자
売(う)れる	팔 수 있다
売(う)るな	팔지 마라

走(はし)る 뛰다, 달리다

走(はし)ります	뜁니다
走(はし)りました	달렸습니다
走(はし)りません/ 走(はし)らないです	뛰지 않습니다
走(はし)らない	뛰지 않는다
走(はし)りませんでした/ 走(はし)らなかったです	달리지 않았습니다
走(はし)って	뛰어서
走(はし)った	뛰었다
走(はし)ろう	뛰어야지/뛰자
走(はし)れ	달려라
走(はし)らせる	달리게 하다

帰(かえ)る 돌아가다, 돌아오다

帰(かえ)ります	돌아갑니다
帰(かえ)りました	돌아갔습니다
帰(かえ)りません/ 帰(かえ)らないです	돌아가지 않습니다
帰(かえ)らない	돌아가지 않는다
帰(かえ)りませんでした/ 帰(かえ)らなかったです	돌아가지 않았습니다
帰(かえ)って	돌아가서
帰(かえ)った	돌아갔다
帰(かえ)り	귀가
帰(かえ)ろう	돌아가야지/돌아가자
帰(かえ)れ	돌아가라

入(はい)る 들어가다, 들어오다

入(はい)ります	들어옵니다
入(はい)りました	들어갔습니다
入(はい)りません/ 入(はい)らないです	들어가지 않습니다
入(はい)らない	들어가지 않는다
入(はい)りませんでした/ 入(はい)らなかったです	들어가지 않았습니다
入(はい)って	들어가서
入(はい)った	들어갔다
入(はい)ろう	들어가야지/들어가자
入(はい)ることができる/ 入(はい)れる	들어올 수 있다
入(はい)るな	들어오지 마라

見る 보다

見ます	봅니다
見ました	봤습니다
見ません/ 見ないです	보지 않습니다
見ない	보지 않는다
見ること	보는 것
見て	보고
見た	봤다
見させる	보게 한다
見られる	봄을 당하다
見させられる	(어쩔 수 없이) 본다

着る 입다

着ます	입습니다
着ました	입었습니다
着ません/ 着ないです	입지 않습니다
着ない	입지 않는다
着ませんでした/ 着なかったです	입지 않았습니다
着て	입고
着た	입었다
着よう	입어야지/입자
着ることができる/ 着られる	입을 수 있다
着させる	입게 하다(입히다)

起きる 일어나다

起きます	일어납니다
起きました	일어났습니다
起きません/ 起きないです	일어나지 않습니다
起きない	일어나지 않는다
起きませんでした/ 起きなかったです	일어나지 않았습니다
起きて	일어나서
起きた	일어났다
起きよう	일어나야지/일어나자
起きることができる/ 起きられる	일어날 수 있다
起きろ	일어나라

覚える 기억하다, 외우다, 익히다

覚えます	기억합니다
覚えました	외웠습니다
覚えた	외웠다
覚えること	외우는 것
覚えよう	외워야지/외우자
覚えることができる/ 覚えられる	외울 수 있다
覚えろ	외워라
覚えられる	기억함 당하다
覚えさせる	익히게 하다
覚えさせられる	(억지로) 외우다

開ける 열다

開けます	엽니다
開けました	열었습니다
開けません/ 開けないです	열지 않습니다
開けない	열지 않는다
開けませんでした/ 開けなかったです	열지 않았습니다
開けて	열고
開けた	열었다
開けよう	열어야지/열자
開けることができる/ 開けられる	열 수 있다
開けさせる	열게 한다

忘れる 잊다

忘れます	잊습니다
忘れました	잊었습니다
忘れません/ 忘れないです	잊지 않습니다
忘れない	잊지 않는다
忘れませんでした/ 忘れなかったです	잊지 않았습니다
忘れた	잊었다
忘れよう	잊어야지/잊자
忘れることができる/ 忘れられる	잊을 수 있다
忘れるな	잊지 마라
忘れさせる	잊게 하다

する 하다

します	합니다
しませんでした/ しなかったです	하지 않았습니다
して	해서
した	했다
しよう	해야지/하자
することができる/ できる	할 수 있다
するな	하지 마라
させる	하게 하다
される	당하다
させられる	놀라게 되다

来る 오다

来ます	옵니다
来ました	왔습니다
来ない	오지 않는다
来ませんでした/ 来なかったです	오지 않았습니다
来て	와서
来た	왔다
来よう	와야지/오자
来ることができる/ 来られる	올 수 있다
来られる	옴을 당하다
来させられる	(어쩔 수없이) 오다

Memo

Memo

Memo

Memo